［著］
山折哲雄
（哲学者）
柳　美里
（作家）

人はなぜ「いじめ」るのか

その病理とケアを考える

［編著］
生野照子
（浪速生野病院心身医療科部長）
山岡昌之
（日本摂食障害治療研究所所長）
鈴木眞理
（政策研究大学院大学教授）

Community CBR Based Rehabilitation

人はなぜ「いじめ」るのか

その病理とケアを考える

序　文

私達編者三名は医師である。専門は心療小児科、心療内科、内科に分かれるが、みな摂食障害の治療に携わっており、日頃より治療や研究面で密に交流を重ねている、忌憚なく話し合える間柄である。

私達が日々診療している外来では、現在「いじめ」の只中で苦しんでいたり、過去に「いじめ」られた体験が精神障害を引き起こしていたり、人間不信感が職場や家庭生活を歪めていたりなどの相談事がしばしば持ち出される。ときには、患者さん自身が自覚しているかどうかにかかわらず、明らかに「いじめ」を受けていて、それがきっかけでうつ病や摂食障害や不安障害を発症しているケースにも遭遇する。わが国において「いじめ」が増加しているかどうかは正確な推移は不明であるが、二〇一二年の統計では、少なくとも警察庁が介入する「事件」となった「いじめ」だけでも二六〇件に及ぶようである。

外来での話に出てくる「いじめ」の様相は、極めて凄惨である。

「いじめ」られた体験は、その人をときには生涯にわたって圧迫し、悪夢のフラッシュバックを繰り返させる。自信を失い、自分の存在価値を疑い、生きる意義を否定させる。他者への不信感は、得られるはずの幸せまで破壊し、自らの足元を揺るがす事態となるのである。とくに最近では、「いじめ」られた子どもが自殺にまで追い詰められる事件が増えている。傍から見れば普通に育っていると思える子どもが、なぜ、友達を死に追いやるほどの「いじめ」をするのであろうか。その心の奥に潜むのは、その子の特質か、人間共通の本性か、あるいは一種の動物的エネルギーの漏洩なのであろうか。一方、「いじめ」られた子どもは、なぜ「いじめ」から脱出できなかったのだろうか。SOSを出せなかったのだろうか。訴えても状況が変わらなかったのだろうか。我慢すべきだと思っていたのだろうか。

それにしても、こんなに悲しいことはない。

こんなに悔しいことはない。

とはいっても、私達医師が直接「いじめ」の決着をつけに行くことはできず、「いじめをする人が間違っている」と患者さん達と一緒に憤りながら、許せないけれどなにもできないジレンマに、忸怩たる思いを抱くしかなかった。

丁度そのような折に、シー・ビー・アール社の三輪氏から出版の話がもちだされ、私たちは学会などで集まる機会に、互いの意見や思いを述べ合うようになった。そして、「いまわれわれ医療者の果たすべき役割」についてコンセンサスを得るべく、この手ごわいテーマと格闘を始めたのがはじまりである。

「いじめ」に関する成書はすでに数多く存在しており、さらに屋上屋を架すことにならないよう、これまで触れられてこなかった、私達が日常の医療実践のなかで抜き差しならず直面している「いじめ」の正体、「いじめ」とはなにかについての議論から出発した。文部科学省は「一定の人間関係にある者から、心理的、物理的な攻撃を受けたことにより、精神的な苦痛を感じているもの」と、「けんか」とは区別している。「いじめ」の程度としては、からかいのようなものから、被害者を自殺に追い込んでしまうもの、更には殺人にいたるものまでが含まれるが、加えて私達は、自分の保護下にある者に対して行う「虐待」や、相手を力や恐怖で支配する「ハラスメント」なども「いじめ」の一環として考えに含めることにした。

次なる議論は、私達が治療者として、読者にお知らせするべきことの骨格についてであった。それは「いじめ」のトラウマが多くの心身症の原因となっているという事実である。私達は次の点を強調することにした。①子どもの「いじめ」と大人の「いじめ」は通底しており、表面上は異なって見えても本質は同じであること。②不眠や、うつ、拒食や過食、その他の多くの心身症状に「いじめ」が関連して起きていること。しかし、③患者さんや家族が心身の不調に「いじめ」が絡んでいることに気づかないことが多いため、まずは社会の人々に医療現場の現状を伝える必要があること。④治療者の責務は、当事者の善悪に関わらず「いじめ」られる側の心理とともに「いじめ」る側の心理に言及すること。これこそが「いじめ」の予防にも繋がる。⑤「いじめ」は連鎖すること。

多くの「いじめ」問題の根源は、家族関係や社会問題からの連鎖であり、当事者だけに原因があるのではないこと。そして最後に⑥「いじめ」られた時の対処法である。自分を責めるのではなく、自尊心を失わず生き抜く方策である。

ただ、以上のことはいずれも重要ではあるが、私達の分野ではそれは対症療法と言うべきもので、それだけでは本質には迫りきれていないという問題点がある。そもそも人はなぜ「いじめ」るのかという「いじめ」の病理を考えなければ、個別の現象のみに囚われ、本質的な理解に繋がらない怖れがある。私達がその過ちを避けるには、医学の枠を越えて、哲学、宗教、文学などの他領域の識者をお迎えし、私達が話し合ってきた内容をぶつけ、意見交換をさせていただくのがよいのではということになった。

そして、私達が恐る恐るながらお願いした、本テーマについて現代を代表する識者である山折哲雄さん、柳美里さんのお二人ともが、座談会の趣旨を理解され、ご多忙の中をこの試みにご参加くださったことは望外の喜びであった。

まず一二年の秋、京都で山折哲雄さんと座談会を持った。中年を過ぎた私達がまるで学生に戻ったように、よく準備された質の高い講義を受けるような時間を過ごすことができた。山折さんは「いじめ」のような野蛮な行為を抑制する方法を、歴史的あるいは宗教的見地に基づいて話してくださった。ただ、私達はかなり高揚した気分でいたのだろう、記録を読み返してみると、もっと丁寧にお聞きすればよかったと、内容が深いだけにインタビュアーとしての力不足を悔いた次第であった。

山折さんの大局的な論をふまえて、「いじめ」問題に対してどう対応すべきか、という次のテーマに進むことができた。

二〇一三年春、汗ばむほど気温の上がった日に、東京で柳美里さんとの座談会を行った。柳さんは、自らの体験や社会現象に対する意見を、目をみはるほど率直に活発に語ってくださり、私達は心揺さぶられ、感動した。

このようにして私達は、分野を異にするが、時代におもねることがないお二人から、多くのものを学ぶことができた。私達が治療者としての素朴な疑問や迷いから始めた「いじめ」への問いかけが、社会への有効な発信になったかどうか、コーディネーターとしての役割を十分に果たせたかどうかは分からないが、本書が「いじめ」問題に悩んでいる方や、支援したい方々の一助になれば編者にとって何よりの喜びである。

二〇一三年九月吉日

編者　生野　照子
山岡　昌之
鈴木　眞理

目次

第一章

日本人と「いじめ」

―「いじめ」の本質―

ゲスト
山折哲雄

聞き手
生野照子
山岡昌之
鈴木眞理

編集部　日頃より、「いじめ」のみならず「うつ」「拒食」「不登校」などの問題で支援を必要とする当事者や家族に対して、医療の立場からサポートに務められておられる日本を代表する三人の心身医学の専門医にお集まりいただきました。また幸いにも「いじめ」の問題につき、永い間ご研究、ご執筆、ご提言をされてきておられる、哲学、思想史、宗教学など広い分野に造詣の深い山折哲雄先生をゲストとしてお招きすることができました。このような機会はめったにありませんので、本日は専門領域の間にある壁、枠を越えて、いまわれわれに何ができるのか、何をすべきなのかを、日本文化の根本の問題に立ち戻ってお話合いをしていただきたいと存じます。よろしくお願いいたします。

生野　山折さんにお会いできるのを楽しみにしてまいりました。私達は「こころとからだ」の両方を診る心身医療の医師をしていますので、医療の現場でさまざまな形の「いじめ」に出会います。治療では、いじめられた体験を克服するだけでなくプラスにできるような方向を探るわけですが、やはり実践の場ですから、目前の問題解決に焦ってしまう時があります。しかし、いま一度、「いじめ」とはという原点に立ち返って、その本質をじっくりと考え直し、新たに治療に向かっていきたいと思っています。そこで今日は、山折さんに「いじめ」の中核に迫るお話をお伺いし、ご意見を頂戴できればと願っております。よろしくお願いいたします。

なお、私個人としては、外来診療と並行して「厳しい状況にいる子ども達」のサポートをしています。医者になって初めての勤務が、大阪でも最たる厳しさをかかえる地域の保健所だったのですが、新米医師だった私は何をすることもできず痛恨の思いを抱いてきました。やっといま取り組むことができるようになりましたので、地域で働く教師や保母さんのサポート外来を開いています。

地域や学校現場にも出かけますので、そこで身を粉にして子ども達を支える先生方に出会ってきました。すごい方々がいらっしゃいます。こういう言い方もヘンですが、その人達は教育委員会的な視点では見ることができない、切羽詰まった状況の中で子ども達とともに辛さを乗り越え、子ども達とともに前進しておられる。そのような大人に支えられて育つ子ども達のことも話の道筋でお話しできたらなと思っています。

山岡　山岡と申します。生野さんは小児科医から、私は内科医から心療内科という方向に進んできました。鈴木さんは純粋に内科医として現在も診療をされておられます。このようにそれぞれ多少スタンスの違いがあります。

私達の外来には、日頃はストレス病というか、うつ病というか、あるいはうつ状態の人が受診されています。このところ新聞やマスメディアでは学校の「いじめ」の問題がしょっちゅう取り上げられるようになってきました。私は、実はその教育問題がらみの「いじめ」というのは典型的な縮図であって、背景には目に見えない形で大人の「いじめ」というものがあるのではないかと考えておりまして、いろいろ教えていただきたいと思っております。

私が考えておりますことの第一は、「いじめ」というのはその国の文化に根ざしている部分があるのではないかということです。日本の「いじめ」というのはどこが特徴なのか、私達の医療現場に「いじめ」を背景に持った方が見えた時に、その患者さんにどんなふうに生きていけばいいのか、どのようなアドバイスをすればいいのか、教えていただければと思います。

鈴木 私は内科医です。内分泌が専門です。若い頃にネズミにストレスを与えて脳のホルモンの変化や食行動を調べるという研究をしていました。そこから、ストレスが原因である心身症の診療や研究にも関わっています。私は学校医や産業医の経験があります。人の尊厳を侵すような行為、されて不愉快な行為を「いじめ」と言うならば、あらゆるところで、「いじめ」は起きています。「いじめ」が原因で病気になった方が私の所にも多数受診されます。いろいろ援助はするのですが、結局医療は何ができるのだろうかと、すごく無力感を感じています。小さい時からの教育、宗教、山折さんが書いておられるように自然に対する信仰、などでしか救えないのではないかと感じています。宗教学者でいらっしゃる山折さんにお話を聞かせていただきたいと思っています。

「いじめ」は差別であり、差別は無くならない

山折　それでは、まず私から口火を切らせていただきます。私の考える「いじめ」の根源は「差別」です。「差別」がこの世から無くなることはまずないだろうと思います。ということは「いじめ」が無くなるということはないということです。

たとえば中学校の「いじめ」自殺の問題がありました。その結果どういうことが起こったかというと、「いじめ」の状況はほとんど犯罪に近いものであり、警察の手に任せてしまおう。そういう世論がありました。専門家を含めて大方の人はその意見を支持しました。たしかにそう言われても仕方がない陰惨・凄惨な「いじめ」行為がありましたから、いたしかたなかったかもしれません。しかし警察に任せようという意見がこれほど多くの世論の支持を受けるという社会的圧力は相当のものです。

もうひとつは「朝日新聞」がひと月くらいかけて、いろいろな分野の人びとにアンケートをしました。その回答では「いじめ」に遭ったら警察に飛び込め、逃亡空間に隠れろ、この二つが際立った主張でした。逃げ場は家庭であったり、いわゆる友達だったりするわけですが、評論家の大部分の人がそういう意見でした。

ここには「学校とはそもそもなんぞや」という根本の問題が抜け落ちています。根本が抜けているということを各メディアも曖昧にしていました。これは異常な社会です。先に言いましたけれども、根本に差別の問題があり、そのことによって「いじめ」が起きている。これは容易に解決できる問題ではありません。そうするとこの問題を議論する前提として「いじめ」は無くすことができることとして議論するのか、「いじめ」は容易なことでは無くならないということを前提にして議論するのかで、対策は変わってくるかもしれない。その辺の所まで行かないと深い意味のある議論にはなりません。

もうひとつは、人間というのは、放っておくといつのまにか限りなく「野生化・野獣化」するという問題です。生物としての運命的問題です。この「野生化」をどう喰い止めるかという根本の問題を考えないと、そもそも問題の方向づけができないから、究極的には「いじめ」の問題も解決できないことになってしまう。

この二つの前提ですね。じゃあ人間の「野生化」をどう喰いとめるのかあるいは飼い慣すのかという、どうもその大前提についての議論、考え方が今日の日本の社会には欠けている、と私には見えるのですけれども、どうでしょうか。その辺でまずご意見を出していただければと思います。

攻撃的な「いじめ」と前進的な「いじめ」

鈴木　とてもよく整理していただきました。私も「いじめ」は無くならないと思います。子ども達も、大人の目から見えない「いじめ」はもっとたくさんあると言っています。

生野　無くならないかもしれないが、形を変えたものにできないかという思いを持っています。人類はいままでずっと戦争をしているわけで、これって人類の限界かと思ったりします。だから、戦争とは異なりますが「いじめ」も本質的な意味では無くならないかもしれません。まさに、「浜の真砂は尽きるとも」、の世界かもしれませんね。ただ、何としてでもコントロールしたいし、その手立ては探れると思っています。そのためにはまず、「いじめ」の正体というか、「いじめ」の本質を知らねばならない。今日はぜひ、山折さんに本質論をお伺いしたいと思っています。

山岡　私も「いじめ」は無くならないというのは当然だと思うのですが、その中で、「いじめ」のエネルギーというか、そういうものを評価する方向に持っていけるのかの問題のような気がするのです。「いじめ」が無くなったら、ダラダラというか何にもない、平和かもしれませんが、逆に言うと発展のない社会になるかもしれないと思います。つまりエネルギーの持って行き方が問題ではないでしょうか。

鈴木　東日本大地震の被災地で、家を流された子が、家のある子を「いじめ」るという現象もあります。差別の原因ができれば、「いじめ」が発生する。それをどう昇華させるかが重要だということでしょうか。

山岡　昔、校内暴力が発生した時、よく学校がとった行動は、部活動を盛んにさせたじゃないですか。あれと「いじめ」とは即には結びつかないですけれど、若さの持っているエネルギーの持って行きかた、誘導のしかたのような気がします。

生野　ここで「いじめ」という言葉の意味をちょっと共有しておきたいのですが、私は、人間が本来持っている攻撃性には、大きく分けて二つあると思っています。自分を生かすために他者を排除しようとする競争的侵略的な攻撃性と、よりよく生きようとするために挑戦的になる前進的な攻撃性。前者はいま問題になっている「いじめ」で、まずは他人をやっつけようとする。後者は攻撃性を失くしたら気力まで無くなってくるというもので、まずは自分の生き方へと視線が向かう。たとえば修行者なんかは非常にアグレッシブで、他者の説を受け入れようとしないけれども、自分でつぎつぎと難関を目指していく。両者の違いを区別するほうがよいように思います。

山岡　同じものだと私は思っています。価値観とか倫理観とか、宗教観、そういったものが混ざったドロドロとしたものを、エネルギーの形を変えて別の方向に持って行くことができるじゃないかと思うんです。持って行くべき側の力が落ちているという気もします。

生野　両者の根っこ、源流を一つとして、モトから考えようということですね。

「いじめ」の二面性―「いじめ」現象と日本固有の「いじめ」の違い

山折　「いじめ」という言葉の問題ですが、これを考える重要なポイントがあります。司馬遼太郎さんが三十五年くらい前に、「いじめ」の問題を集中的に考えておられ、それを『菜の花の沖』という長編小説に書かれました。高田屋嘉兵衛を主人公とした小説です。嘉兵衛は淡路島の出身ですが、嘉兵衛が淡路島で徹底的に「いじめ」られるところからこの小説は始まっています。「いじめ」られている情景をこれでもか、これでもかと徹底的に書いています。なぜかと思っていたら、司馬さんは「いじめ」という言葉に関心を持って調べられていたのです。司馬さんによれば「いじめ」という言葉の内容にあたる言葉が中国や韓国には無いのだそうです。アメリカなどの西欧社会にも無い。ここでいう「いじめ」はいわゆる「いじめ」現象とは違うというところが重要なんですね。「いじめ」現象はどこにでもある、しかし「いじめ」という陰微な言葉は日本列島に固有のものらしいと。ただその源流を辿って行くと、どうやら南太平洋、ポリネシアやメラネシアの文化と関係がある、南太平洋の島々から黒潮に乗ってやって来たらしいと仰っている。これは仮説ですけれどね。おそらく司馬さんは民俗学、人類学の資料を丹念に調べ上げているのだと思います。その一例が淡路島にあったということです。

もうひとつは鹿児島の「郷中」という西郷隆盛とか大久保利通、東郷平八郎とか英傑が出た、そういう若者宿の問題です、高田屋嘉兵衛も淡路島の若者宿で徹底した「いじめ」に遭って、そこから脱出しました。西郷たちは「郷中」という若者宿、若者の自治組織の中で、厳しい規律を耐え抜いて成長しました。

しかしこれは若者宿のプラスの面であって、マイナスの面がもちろんあります。結局、高田屋嘉兵衛は自分の故郷淡路島のコミュニティーである若者宿を捨てなければならなかった。そのことで逆に彼は創造的なエネルギーを開花させることができた。同じように西郷達もそういう体験をしたわけです。ところが西郷は、最後には政府を下野して、西南戦争のリーダーにさせられてしまう。西郷自身はこれが負け戦、無駄な戦であるということをちゃんと知っていた。だけど彼は若者宿の掟に殉じたために、破滅の人生を歩む。どうもそういう若者宿的な共同体の経験というものが、南方世界から日本に黒潮に乗ってやってきて、さまざまな人間教育上の影響を与えたと思われると、そういうことを言っています。

結論的に言いますと、だから「いじめ」には二面性があるということですね。一面では、やはり近代以前の日本の社会では「若者宿」のような村落レベルの教育施設が重要な役割を果たしていた。こうも考えることができる。しかしそれには必ずマイナス面が伴っていたということですね。そう

いう二面性を持った組織の「いじめ」にあたる言葉が、中国にも韓国にも無いということは、私には初めのうちはなかなか腑に落ちませんでした。ところが最近、韓国社会にそれが無かったということを知ることになったケースがありました。一九九〇年代のこのあと登場される柳美里さんの『潮合い』などをはじめとした小説の中に「いじめ」を主題にした小説がかなりあるわけです。これが韓国語に翻訳されました。ちょうどその頃韓国は非常な競争社会に入り始めたのですね。だから日本社会におけると同じような「いじめ」現象が韓国でも起き始める、ところが現象は全く同じなんだけれど、それにあたる言葉が無い。言葉がないためにそれを表すために新しい韓国語왕따（waŋˀta）という言葉が作られた。つまりそれは日本語の「いじめ」の翻訳語だったわけです。「いじめ」という考え方、言葉が韓国に輸出されたことになりますね。そうすると司馬さんの言ったように「いじめ」という言葉はもともと韓国には無かったということになります。

もうひとつ、アメリカ、ヨーロッパでも「いじめ」現象が発生しています。『ニューズウイーク』誌が「いじめ」の特集をしました。ところが英語でもやはり日本語の「いじめ」にあたる言葉が無いのです。それでその「特集」ではbullyという言葉が使われていました、Bully-Boyというと、それは暴力団です。さきほどの司馬さんが使われた「いじめ」という行為を表す言葉とはニュアンスも意味するところもずいぶん違うわけです。bullyというのはたんなる悪漢・悪者たちの行動という意味ですよね。その言葉で「いじめ」現象を説明している。ちょうど韓国と同じですね。韓国の場合にしても、アメリカの場合にしても、教育施設としての若者宿のようなものは全然無い。しかし「いじめ」現象は現実に存在する。この落差の問題を考える必要があるかもしれないと私は思っています。

人間の野生化を飼い慣らす四つの文化装置

山折　明治以前の日本の教育制度のなかには、三つくらいのものが鼎立していたと思われます。一つは藩校です。藩校においては武士達のために武士道教育をしている。もうひとつは寺子屋。庶民は寺子屋に行きました。それから普通の田舎のコミュニティーにおける若者達の自治組織としての若者宿です。この三者が協力し合って子ども達の教育を担っていた。これが柔軟なシステムを作り上げていて、高い水準に日本の教育を押し上げてきた。ところが明治とともに近代教育が入ってきて、このシステムが壊れてしまうわけです。

これは私のまとめなのですが、依然として学校というのは人間を飼い慣らすための重要な装置なんですね。それを警察に送り込んでみたり、学校から逃亡するように勧めるというのは、むしろ最も重要な問題から目を逸らしていることになる。

鈴木　私は現状では「いじめ」を無くすことを学校の先生には期待していません。実は学校は教育委員会と生徒と保護者の間に挟まれて動けなくなっています。「いじめ」がひどい場合、「いじめ」

を受けた生徒は学校から逃げるか、警察沙汰にするしかなくなっているように思うのです。

山折　その問題について最初に材料を出してしまいますと、人間というのは放っておけば「野生化」するわけです。そんなことは、五千年、一万年、何十万年前から人類は知っていて、それらをどうしたらいいかを考え続けていたわけで、そうした野生的な人間を飼い慣らすための文化装置を作るようになった。その代表的なるものを挙げますと、ひとつはスポーツ、オリンピックですね。二番目は軍隊組織です。三番目は宗教、四番目が学校かなと思います。この四つの文化装置というものが、放っておくと限りなく「野生化」する人間を飼い慣らすための文化装置だったのではないかと私は思っているのです。人類が何千年もかけて作り上げてきたものです。そういう四つの制度の力を活用していく。こういう考え方が歴史的にいうとかなり普遍的な意味を持っていたと思うのです。ところが戦後の日本というのは、軍隊嫌悪、忌避の時代でした。最近はだいぶ変わってきましたけれど、自衛隊は社会の影の存在でした。それから宗教は疑いの目でずうっと見られてきました。その分を全部、学校に頼る、それでは学校も耐えきれるものではありません。たまったものではない。

スポーツの世界については、もっと別の世界のようにみんな考えているけれども、今度ロンドンオリンピックで、柔道の金メダルをとった人が、「野生的」な表情をして大きな話題になっていたでしょう、あれをみんな拍手喝采していますけれど、品のないことだと思いますよ。個人の問題をどうのこうの言う気はありませんけれど、あれは窮極の場面で、飼い慣らされた「野生」が、飼い慣らされずにちょっと出てしまった。プラスマイナス両面ありますけれども、わが国の格闘技全体がそういう方向に向かっています。そういうことに教育関係者が気づいていない。

それから宗教です。禁欲という言葉が戦後使われなくなったし、いろいろな形で「近代化」の漂白作用を受けているけれど、わが国における仏教教団の学林や教校、そしてキリスト教の修道院で積み重ねられてきた禁欲的な生活の意味が忘れられ捨て去られてしまっている。

日本の学校教育を根本的に考え直さないといけない段階にきています。それだけで「いじめ」が解決できるとは思いませんけれども、どう考えたらいいかの入り口のようなものが、そこから開けてくるのではないかと思っています。あまり間口を広げてしまうと問題が拡散するかもしれませんが。

「いじめ」の構造

生野　いまの山折さんのお話しの中に凝縮していると思うのです。「いじめ」という言葉を先ほどの攻撃性とは違った視点から考えますと、いま話題になっている「いじめ」というのは二者関係、三者関係があっての話だと思います。

二者関係、三者関係が生きる上での基礎項目とされている日本のような社会と、キリスト教的な考えのもとで「個」が非常に重要視されている西欧社会とか、そういう社会での「いじめ」っていうのも違う。後者では競争とか奪取に近くて、「いじめ」という概念を強調する必要はなかったような気がするのですね。つまり、関係性があまりにも強調され過ぎている社会では、排除されるということ、それ自体が大きな恐怖となり、排除するぞということが強力な脅しになります。しかし、個が重視されている社会では排除の意味合いがちょっと違う。こうした社会の構造の違いを視野に入れて考えることが必要かなと、お話を聞きながら感じていました。

山折　「いじめ」を成り立たせている基本的な人間関係は、二者関係、三者関係ですね。

生野　それが基本にあっての問題だと思います。

山折　要するに、自分を含めるその二者、三者の関係性のなかで比較してみて、どうにもこうにも自分の前にある壁のようなものを乗り越えることができないと分かった時、方向を失ったエネルギーが暴発する。比較の淵にのめりこんで、比較地獄の世界に次第に入って行く。やがてそれが嫉妬地獄を誘発する。その嫉妬地獄に重なって、いつのまにかエネルギーが貯ってきて、それが外に排出されると暴力の発動ということになる。言葉の暴力になったり、力の暴力になったりする。「ひとり」であることの「個」というものがしっかり確立していると、比較することは必ずしも嫉妬地獄にはならないのですけれどね。

生野　「個」のない人が暴走すると、他人を排除したり支配することで、自分の優位性を際立たせようとするのですね。ということは、いじめる側も関係性を武器にするし、「いじめ」られる側も関係性で押しつぶされるということでしょうね。

そこで、冒頭でお話した外来でのことですが、非常に厳しい環境の中でも、周囲の大人に支えられて育ってきた子どもは、ケンカはしても「いじめ」のような常在的迫害関係は逆に少ないのです。無いわけではないのですが、一般に想像されるほど多くない。苦しい環境であっても、周囲から温かく守られているという確信さえあれば、わざわざ他人を排除しなくても素直に繋っていけばよいと思えるようになるのですね。

山岡　「いじめ」られないということですか。

生野　いえ「いじめ」られてきたのです。大人や社会、あるいは余裕のある生活をしている子どもから。でも自分からはあまり「いじめ」ないですね。

たとえば、大阪の「子どもの家（荘保共子館長）では寒い冬になればそこに住んでいる子ども達が、路上生活のおじさん達に声を掛けて夜回りをするのです。夜の二時過ぎまで、段ボールで寝ている人達に、おにぎりや飲み物を配ります。子ども達が作ったおにぎりです。見ていると、子ども達がとても暖かい言葉かけをする。教えられた言葉だけでなく、心から繋がろうとする言葉が出ている。まさに、子どもであってもおじさんであっても、人同士の繋がりが、そこには溢れ出ています。他者を排除するという意味での「いじめ」など、入り込む隙間がないような、繋がりの原点を、私はそこに見ることができます。

山折　ああ、繋がりを求めるためにそういう労務者の方々に近づいて行く。

生野　ええそうなのでしょうが、たぶん、子どもは周囲の愛情を信頼できているという、そういう余裕が、おじさん達との素直な繋がりを生んでいるような気がするのです。

外来のケースでもそうなんですが、厳しい状況の子どもは、たいてい繋がりの糸をそんなに多くは持っていません。ときには一本しかないという場合もあります。ただ、その一本が頑丈であるときには、自分が他者から支えられているということが、とても分かりやすく見えてくるのですね。繋がりの糸がたくさんある子どもよりも、むしろ、分かりやすいと言えるかもしれません。数の多さではないんですね。で、支えられているという自信が、他人への繋がりを率直に表現できる態度になって現れるような気がするのです。つまり、二者関係、三者関係での安心感が「個としての自立」を可能にし、他を排除したり支配したりする「いじめ」を抑えているのではないかと思います。もちろん、その一本の繋がりさえない場合には、大変です。自立うんぬんの話ではなく、自分の存在を肯定することさえ難しい。そうなると治療者は、一本の命綱になれるように全力をふるいますが。

ともかく、いまの日本では、実存的な「ひとり」をふまえたところの「我が生き方」をどう育んでいくかが考えられていませんね。

山岡　引きこもりが増えているというのは、逆にそこから逃げているのです。

生野　避けているんですね。「ひとり」は関係性から培われるもので、関係性を絶ってしまえば、いつまでも孤独でしかない。このあたりが少し複雑なのですが、関係性の濃さが足を絡めとって「いじめ」を生む。しかし、「いじめ」を無くするには関係性を踏み越えねばならない。そして「ひとり」関係にまで成熟する必要がある。しかし、現代の日本社会では、なかなかそこまで成熟できないし、教えられていませんね。ぬくぬくと育っていては無理だし、厳しい生育状況の場合は、横で支えて教えてくれる人が居てのことですし。

さきほど山折さんが仰った「いじめ」は無くならないということは、結局そういうことじゃないかなと思いました。

鈴木　二者関係、三者関係があるかぎりはね。

生野　ええ。ですから、そういう意味では戦争で人を殺すというのは「いじめ」の延長とは違うような気がします。戦争というのは大きな意味で「いじめ」だけれども、あそこで人を殺せるというのは、もう二者関係、三者関係がそこには存在しない、「いじめ」という言葉とは大分違うような気がする。

山岡　それは指揮系統に基づいた命令ですよね。

生野　仕事になってしまっている。

どうして人を殺してはいけないか

生野　ちょっと話はそれますが、ゲームソフトがありますでしょ。戦闘ゲームって。ずうっと殺し続けるゲームなんですよね。

山折　それはインターネットですか。

生野　個人が持っているゲームソフトでも、たくさんあるんですよ。子ども達はそれを平気でやっている。

山岡　外国ではそれを規制している所がありませんか。日本からそういったゲームは輸出できなくなっているそうです。日本では規制されず子どもの手に入ります。

生野　ある程度ストーリーもあるのですが。結局は殺し続けるのです。たかがゲームだからよいじゃないかとか、子どもはもともとああいうのが好きなんだとかの考え方もありますが、かつてのチャンバラゴッコなどとは異質なものを感じて、私が大学で心理学を教えていた時に実験したのですが、攻撃的なゲームをしている最中のＧＳＲ（注：galvanic skin response、刺激によって引き起こされる手拳部の発汗を測定するもの、皮膚電気反射と訳されている）とか、心電図とか脈拍、皮膚温とか、脳波とかを測定しましたが、いずれもが強い刺激を受け、強度な興奮状態に陥っていました。体は動いていないのに、脳だけの刺激で全身が戦闘状態のようになっているのです。それが子どもの未熟な心身で、毎日のように続けば、悪い影響を受ける可能性も当然考えられます。パイロットが飛行をモニターで練習するように、戦闘場面を子ども達に練習させているのですから。

鈴木　少年兵を養成しているのと同じことですね。

生野　それを普通の子ども達が必死にやっている。

山岡　ベトナム戦争の時にアメリカ軍が、練習用として殺人用にゲームをずいぶん使ったそうです。平気で殺せるようにするためのプログラムです。

生野　ええほんとうにそうだと思います。子どもには本来、強い衝動性や攻撃性が備わっていますが、これは子どもが勢いをもって発達していくためには大切な要因だからです。ただし、それらが健全に作用していくためには、発達の他の部分、とくに自制力などとのバランスを図りながら伸びていくことが、非常に大事なんですね。ところが、ゲームなんかでは、そのバランスがまったく考慮されていない。ただ、熱中させるために、一方だけを刺激するようになっている。これって、本当に怖いことなんです。そればっかりやっていると、子どもの成長が本来とは違った方向に引っぱられてしまうのではないかと案じますね。

山岡　ある意味で規制が必要だと思うことがあります。日本の社会は、自由というのはいいのですけれども、逆に将来の民族や子孫を守るために何らかの規制というのを、きちっと考えるべきだと思います。方向性がないような気がします。私は戦前のことは知りませんけれども。いまと昔の違いは、おそらく終戦になって価値観ががらっと変わって一度崩れたものがまたさらに広がっているところがあるのではないでしょうか。

山折　禁止する言葉がほとんど無くなりました。「するな」「やるな」「嘘をつくな」というような言葉の使い方が無くなった。「Don't」ではなく「Let's」（何々しましょう）でしょう。

生野　教えや戒めというのが無くなって、そういう言葉になってきたのですね。

鈴木　ＮＨＫテレビの討論番組で、若い男の方から「どうして人を殺してはいけないか」という問題提起があったのですね。それに対して、大人は誰も明快に答えられなかった。そういう時に大人はどう言えばいいんでしょうか。

山折　三千年、四千年の歴史の中で、ずうっと「殺すな」と言い続けてきたわけです。釈迦もイエスもそうだったけれども、しかし、人間はそのことを裏切り続けてきているわけです。だからこそ、逆に言い続けなくてはならない、これまでの人類はそう思いつづけてきた…。

山岡　「殺してもいいじゃないか」というのは、結局戦争ですよね。あるいは略奪であっても。

生野　戦争とは「守れ」の裏に「殺せ」と書かれたメッセージカードですね。どちらを表にするかで工作しようとする。

山折　人びとは「殺してはいけない」という言葉を「いのちを大切にしよう」という言葉に言い

変えてきたわけです。人間はだれでも生き物を殺して生きているわけですから、殺すなとはとてもいえない。「いのちを大切にしよう」ということで隠してしまう、その偽善性にどう耐えるかということです。

生野 「偽善性」に耐えるのですか。なるほど、すごく深い言葉ですね。

山折 いまの人はですね、みんないい子に成りたがってしまったということですね。

鈴木 「いじめ」が原因の自殺事件の後に、学校の先生方が生徒達に「いのちを大切にしましょう」と仰ったんです。そうしたら子ども達は「こんな事件が起きてしまってから、いまさらそんなことを言っても意味がない。先生方はその事件が起きる前にすることがあったでしょう」と言ったのです、子ども達の方が冷静に見ている。子どもってやっぱり鋭いし、純粋だから本当のことを言うのですよね。

山折 大人の言うことが嘘っぽく見えてしまう。ここが教育の最大の問題です。子どもに嘘っぽく見えないようにどう行動するか。これ難しいですよ。感受性の強い子は大人の嘘をすぐ見抜いてしまいますからね。

山岡 ある意味で鋭い子のほうが、反応しない形を取るのかもしれない。

「ひとり」と「個」

山折　戦争で人を殺すと言うのは、それは野生化する人間という問題とはちょっとレベルが違う話ですね。さきほどから出ている「ひとり」と「個」という問題でありますが、近代のヨーロッパ社会が生み出した個人とか個人の尊重という思想、観念をわれわれは明治以降受け入れてきたわけですね。その西洋社会が生み出した「個」にあたる大和言葉が「ひとり」という言葉だったのではないかと私は思っているのです。その二つを重ね合わせて考えたり、それを次世代に教えていくことをわれわれは怠ってきた。「個」ということを「ひとり」という伝統的な観念をベースに受け入れることをかならずしもしてこなかった。「ひとり」というのは、それは集団の中の「ひとり」なんです。たんに孤立した「ひとり」ではない。その「ひとり」という言葉の歴史はとても古いんですね。すでに万葉集に出てきますから千年の歴史がある。しかもその「ひとり」になることが、すなわちその人間を本当に生かす道であるという意味をもった表現がたくさんあります。

西洋社会の個人というのは、「個」として自己を主張すれば、人との違いをきわ立たせることができる。それで自分の存在意義を主張できる。そういう世界ですけれども、大和言葉の「ひとり」というのは、そういう意味で他者と対立するような「ひとり」ではないし、個として「自立」するという価値観も内在してはいません。じゃあ独自の価値観がないかといえば、そうではない。西欧世界における「個」は超越的存在との関係における「個」です。「個」と「個」同士は互いに孤立しているけれども、「神」の前ではそれぞれの「個」が垂直の関係で、その神と繋がっている。垂直の関係における「いのち綱」ですね。ところがそういう超越的な価値観を持たないわれわれの社会では、集団の中でその繋がりの関係を支えていくわけです。

それが集団心理という言葉になるのですけれども、これはこれまでネガティブな意味でしか使われてこなかった。ネガティブな面がないわけではないけれど、「ひとり」であるということが集団の中で温められ、支えられているということです。そういう世界に西欧的な自立した「個」の意識をいくら注入しようとしても、それはうまくいかないでしょうね。むしろその労務者の方々に近づいて行く、「ひとり」きりになった寂しい子どもたち、その心の世界は、集団の中の「ひとり」という伝統的な温床のようなものを望んでいるのではないでしょうか。それを支えたらいかがでしょうか。

生野　山折さんが仰った「ひとり」という言葉が、いまストーンと腑に落ちてきた気がします。よくわかりませんが、仏教用語でいうところの「縁起」と「空」から成っているのでしょうか。それと、なるほどと思うのですが、「伝統的な温床を支える」という言葉で、これからの方向性を言い表していただきました。

山折　以前、ある女子短期大学を立ち上げるために、準備室から始めたことがあるんです。久しぶりに高校を出てきたばかりの女の子達と学長として話をする機会がありました。驚いたのは、例外なく「ひとり」になるのを嫌がっていた。「何人くらいがいいの」って訊くと「三人くらいが一番いい」と言う。五人、十人でグループを作って何かをやるのも厭なんですね。「ひとり」で居ることが厭、三人くらいで居たい。そのくらいが一番わがままを言い合えるからねと言うのです。いつの間にか、「ひとり」嫌いの子ども達が大量発生している。伝統社会では、そういう「ひとり」を包み込むコミュニティーが二重三重にあったと思うのですが…。先ほど言いました若者宿などというものはそういう組織だった。

もちろん外れたことをやれば徹底的に「しご」かれる、制裁を受けるということはあるんですけれど。

生野　「ひとり」を包みこむ関係性が、「ひとり」で生きることを可能にする人間を育てていくんですね。

山折　それがどの程度可能かという問題はありますけれどね。よくいうのですけれども、あの万葉歌人の柿本人麻呂の歌に

鈴木　「あしひきのやまとりのおのしたりおのなかなかしよをひとりかもねむ」ですね。

山折　その「ひとり」は、基本的に、まだやってこない人を想いながら「ひとり」で寝なければならないという寂しい気持をうたっている。人を想いやる、そして「ひとり」である寂しさに耐え

るということです。
　中世の親鸞の場合には、『嘆異抄』に「弥陀の五劫思惟の願をよくよく案ずれば、ひとへに親鸞一人がためなりけり」とあります。阿弥陀如来の救済力というのは、よくよく考えてみると親鸞一人つまり、自分一人のためなのだと思う、と言っている。この「ひとり」という言葉の中には「自立した一人」という意味も含まれているわけですね。その考え方のあとを辿って行きますと、例えば福沢諭吉の『学問のすすめ』には「一身独立して一国独立す」という有名な言葉があります。ここでいう「独立」という言葉を、われわれは independence という英語からきていると思っています。事実そうだと思いますが、ただ同時に、福沢諭吉はあの言葉を「どくりつとは、ひとりだちして、他人の世話にならぬ事なり」と「ひとりだち」と読んでいます。あそこにはヨーロッパ近代が生みだした「個」の価値観と、伝統社会が作り出してきた「ひとりだち」という価値観が重なっている。

生野　なるほど。個という縦糸と、「ひとり」という横糸が紡いだ言葉ですね。

鈴木　大学生は「ひとり」でご飯を食べるのを嫌がるのですね。「ひとり」ぼっちで友達のいない人と思われたくない。だからトイレでご飯食べる学生がいるんですね。「ひとり」というのが恰好いいとか、独立した「個」とかいうふうにとらえにくい風潮があります。それから就職活動で成功する重要な資質はコミュニケーション力と言われますが、コミュニケーション力と取り違えて、広い交友関係を持ってわいわいやってないといけないと思いこみ、孤高に「ひとり」で頑張っているというのはみっともないと感じているようです。

生野　「ひとり」というのは弱くて恥ずかしいことだと思っている。

鈴木　はい、「ひとり」というのは変わっていて、世間から排除されていて、疎外されていて、劣っていると捉えています。「ひとりだち」を恰好いいという認識は持てていない。

生野　山折さんが仰った「個」とも違うんですね。それは大きいなぁ、それはあんまり分かっていないなぁ。

人は「ひとり」で生まれて、「ひとり」で死んで行く

山折　これは私の体験ですが、十年前に私立大学の教師をやっていました。定年前の老教授というのは大教室で二百人、三百人の学生を預けられるわけです。宗教や哲学を教えろと言うのです。けれども大教室では学生たちの集中力がなくなります。携帯を見たり、私語したりする。それで私は学生達に筆記用具を全部しまえと言ったのです。そうすると五分くらいかかりますよね。次に姿勢が悪いから姿勢を直せと言う、これには十分くらいかかります。それで落ち着いたところで、こんどは深呼吸させます。だいたい咽喉呼吸くらいですよね。深呼吸なんてほとんどしていない。まあ姿勢を正す、呼吸を正すということに二、三十分くらいかける。多少静かになります。その次に

目をつぶれって言ったのです。それが目をつぶれないのですよ。大学生が。みんな薄眼を開いていました。瞑目することが不安なのです。これに五分、十分かかる。それで三十分ほど過ぎてしまう。ようやく静かになって瞑目をする。その時になって、「諸君は初めて、いま、一人になって考える姿勢ができたんだよ」って言うわけです。「ひとり」になるっていうのはそういうことなのだとね。「ひとりにならないと、ものを考えることはできないよ」と、ついでに言う。その基本のところをしっかり教えれば変わってくるような気がしますけれど。ただ基本は小学校からやらなくてはいけない。

鈴木　小さい時から、しかもご両親がそれをしなくてはいけない。

山折　そう家庭からです。ところが両親がふらふらしている。子どものころわれわれはこういうことを教えられたな、と思い出します。けれども、そのわれわれが一体何を戦後子どもたちに教えてきたのかということになるのです。

鈴木　「ひとり」で生まれてきて、「ひとり」で死んで行くということを、山折さんがどこかにお書きになっておられました、また最近は短調の曲が少なくなったとも仰っておられました。ネガティブな部分というか、寂しくて、辛いこと、そういうものをいまの社会は置去りにしているのではないでしょうか。

山折　「ひとり」で生まれて「ひとり」で死んで行く、そういうものが見えないですよね。

無償の愛が作る「世界に一つだけの花」

生野 日本は社会適応ということをすごく重視してきて、それがいろいろな分野で過剰適応を生み、そして、過剰適応が過剰不安を生んだ。つまり「はぐれる」こと、村八分の怖さですよね。そういう怖さをみせておくことが、社会構造の維持という点で必要だったのでしょう。小さな農耕集団ではまとまることが武器ですからね。

山折 平等、平等ということを言い過ぎた。実際の人間というのは、顔見ても、性格を見てもみんな違うわけですからね。

鈴木 チャンスも平等ではないですよね。モデルみたいにきれいな人と、そうでない人では違いますよね。

生野 「ひとり」ということを置き去りしてきたことが、「いじめ」を生んできた。山折さんが先に仰った、「いじめ」は差別だということに戻って行くのでしょうね。

鈴木 多様な「ひとりひとり」を認めない。

生野 だから、差別と繋がっているのですよね。

鈴木 区別でなくて差別ですよね。

生野　考えてみれば、私たちの治療は、自己を抑える適応よりも、「ひとり」をめざしていますね。ある患者さんで、とても難しい治療を要した人なんですが、その人の治療が終ったときに、「これからひとりでやっていきます。いまならそう言えます」と言ってくれました。自他とも受け入れた、何よりの言葉でしたね。本当は、それこそが適応。

山岡　私、患者さんに、スマップの「世界に一つだけの花」あれの歌詞を良く読んでごらんなさいとお話しするのです。やはり「世界に一つだけのあなた、あなたの良さを」みんなが認め合う。それである意味では「いじめ」が無くなるのだと思うのです。あくまで理想ですけれど。

鈴木　みんなから「良い」と評価されないと、自信が持てない、他者からの評価でしか自分の価値を認められない子は多いです。

生野　そうなのです、他者評価依存です。たとえば、子育てをしている若いお母さんが、「子どもが私を褒めてくれたけど、本当に私は良い母親なのでしょうか?」と外来に訊ねに来られた。母親自身では判断できないし、わが子が褒めてくれても信用できない。医者でもよいから「先生」と呼ばれる人に点数をつけてもらって、はじめて納得できる。このように、子育てまで点数化しはじめている現代です。

鈴木　「人がなんと言おうと、私は自分がよいと思う私でよい、私は私でいいのよ」そういう気にはならない。

山岡　学校における通信簿のように、社会に出てもいろいろな評価制度がいろんな領域でどんどん広まっていますから、まるで人からの目（他人からの評価）というのが、自分の価値というようになってしまっている。社会全体がそれを作っています。

鈴木　それが「世界で一つだけの花」になるには、どうしたらいいのでしょうか。

山岡　ただ「一つだけの花になるために」というのは、これは私の持論ではないのですが、親に大事に育てられているという感覚を持って成長する。それが自分の花というのを、教わらなくても認識できるようになる必要条件になるのではないかと思います。

生野　ただ、「ひとり」という言葉は非常に厳しい言葉ですよね。厳しいというか深いというか。だから「ひとり」っていうことが「己」に確かな礎を置くことだとすると、普通ではできないかもしれない。やはり、深い倫理観をもって育てないと、その厳しさは受け入れられないと思います。仲良しこよし感覚で終わっていては難しいでしょうね。

ある自助グループの標語に「あなたにしかできないが、あなただけではできない」というのがあるのですが、肝心なのは、まさにこうした自他のバランス感覚でしょうね。

山岡　今日ドイツから私の病院に見学に来られた医師達と話し合ったことですが、要は人間というのは、特に親から無償の愛をしっかりと子どもが受け入れた時、子どもは自分で発達していくのだということです。やはりその辺の、「ひとり」という言葉には、最初に大事に育てられたという体験が、ひとつの必要条件だと思うのです。

もうひとつは、そういう物理的な環境というよりは、むしろ心理的あるいは精神的に、子ども自身が、昔、親にこういう風にされて嬉しかったという体験をしっかり持って育つことが大事です。

鈴木 それは親でなくてはいけませんか。親のない子もいると思うのですが。

山岡 他人でもいいのですが、まあ親が一番の社会資源になるといいますか、目の前にいるのは親ですから。それが大人になって死ぬ時も「ひとり」で寂しくない人間に育つという糧になる。

生野 無償の愛というのが、かなり難しい時代になってしまいましたね。

山岡 親自身が、そうされてないから無償の愛が与えられない。

生野 そうですね。自分が愛しているのかいないのかも分からない「アレキシサイミア（失感情症）の人も増えてきましたね。「そう迷うことから、第一歩が始まっているのですよ」といって治療をはじめるのですが。子どもの苦しみが頭では分かっても、感性として分からないと、自分も悩む親が増えている。で、そんな時は「家族の会」に参加してもらうのが一番良いですね。そうそう、海外の話ですが、出産後のお母さんたちが合宿生活をして互いに母性を伸ばし合うという仕組みがあります。これなんかも日本で活用できるかもしれない。「里帰り出産」も減ってきましたからね。

一緒に泣くということ—悲しみそのものが救いの母体である

山折　虐待された子どもを目の前にしたとき、どう言われますか、慰めの言葉というか、導きの言葉というか。

生野　ひどい虐待の場合は、言うべき言葉を失います。数年前の話ですが、親が子どもをネグレクトして、ほとんど部屋に入れたままにしていたのです。ある日、部屋の中からの音が小さくなったので、母親がお水を持って子どもに飲ませに行ったのです。するとその子が、にっこりと笑って親の顔を見たんですって。その時母親は、「子どもが自分を許してくれた」って思ったとのことです。私はその子が、本当に親を許したのだと思うのです。母親像を、「お水を持って来てくれたお母さん」というふうに心のなかで書き換えたのかもしれません。本当に、子どもの一途な愛を感じて涙が止まりませんでした。

山岡　その解釈もあると思うのですけれど、子どもっていうのは、どんなに「いじめ」られても、その親を求めちゃうのですね。

生野　そうですね。

山岡　施設に入れられている子どもが、親が迎えにくると、連いて行っちゃうといいます。そういう部分もあるので、なかなかその解釈は難しいと思います。

生野　それは、やはり血の繋がりとしかいいようのない部分でしょうね。殺されかかった子どもがその親について行くというケースもありましたね。

鈴木　そこまでひどい虐待児は診たことがありませんが、安易に言葉は掛けられないですね。面接の途中で思わず手や肩に触れてしまいますね。

山折　まあ、幼児段階では抱く以外ないのでしょうね。言葉は役に立たないでしょう。悲劇的な状況に置かれている、二歳、三歳の子どもの悲しみという感情を理解するのはとてもできない。青春期にならないと、悲しみという体感は湧かないでしょう。幼児というは、悲しみの中よりはむしろ苦しみの中にいるのではないか。肉体的な苦しみといってもいい。だからこそ神に近いのです。赤ん坊の叫び声というのは苦しみの叫びであって、悲しみの叫びではない。その苦しみとは何か…。だけどその純心無垢の神の段階を抜け出ると。少しずつ人生の悲しみにぶつかるわけですよ。そこから人間としての成長が始まるのではないかと私は思うのですけれどね。

ところが、キリスト教的な考えからすると、グリーフワークという言い方があって、人を「悲しみの淵からどう救いあげるか」ということですね。悲しみからどう救うか、引き離すか、です。だけど仏教の考え方では、哀しみそのものが救いの母体、癒しの母体であるという考え方になります。グリーフワークはそういう考え方ではないですよね。そこは悲しみのまっただ中で苦しんでいる人間への西欧社会の対し方と、わが国のような、そうではない文化圏の哀しみの中にいる子ども達に対する対処のしかたに違いがある、と私は思っています。「グリーフワーク」というような考え方は、日本人の文化的風土とは必ずしも適合しない。場合によっては良くないよと、私はしばしば言うのです。ここはカウンセラーの人たちと衝突するのです。

生野　衝突しますか。

山折　しばしばカウンセラーの方々と衝突します。あの方々はやっぱりグリーフワーク理論ですよ。それは哀しみ、苦しみから救うことに繋がらないと思うのです。悲しみそのものの中に、安堵の世界に導くものがある。それが虐待における苦しみや哀しみの問題にどう繋がるか、難しいところですが…。

鈴木　それほどひどい場合はともかく、子どもの場合は怒りですね。落ち着いてくるとまず怒りになります。その時には私たちは怒っていいよって肯定します。そのあとは生きていて、生き延びてよかったねと、そういう接し方をしております。

生野　一緒に泣いてしまうこともありますね。

鈴木　私も泣きます。

山折　けれども、最近、日本人は泣かなくなりました。涙を流さなくなりました。昭和一六年第二次世界大戦が始まった頃、柳田國男さんが『涕泣史談』に「このごろ日本人は泣かなくなった」

と書いています。危機的な状況になった時、そこを乗り越えようとして、そういう一種の生き方、智慧が働いたと思うのですけれど。泣かなくなったというのは、競争社会に慣れっこになったということか、感情が枯渇しはじめているということか、「情」の動きが非常に鈍くなってしまったということにもなりますね。言葉とか理性というものでは、どうにもならない壁がこの人生には到る所にあるわけです。その理不尽なともいうべき壁を越えるのは何かというと、「情」しかないのではないか。その「情」に誘うのが涙であり、泣くという行為でもあるわけですね。

山岡　先週ある患者さんが遅刻をして来ました。患者さんのお婆さんが亡くなったのですが、それが医療過誤ではないかと疑いを持っているのです。私が説明してあげるといろいろなことが分かってきて、私の前で泣きはじめましてですね、一時間くらい泣いたのです、それで夜中になってしまったので、どうしようかと考えました。しかしこの子は今日泣くことで、この子の人生が変わるのではないかと思い、泣かせました。泣かせるとあとで良くなるのです。泣くというのは山折さんが仰ったように、感情の調整、あるいは免疫系のリセットだと言われています。涙が出ると体の免疫がずっと高まる。これは神経、あるいは情動に対する修正の機能だと思います。泣くこと自体悪いことではないし、そのことが修正、生まれ変わりにとって大事なことだなと、私は感じています。

山折　自分の青春期を振り返っても、私もいろんな時に良く泣きましたよ。

鈴木　安心しました、みんな泣いていいのですね。研修医の頃は主治医が泣くなんて不謹慎だと思っていました。受け持ちの患者さんが亡くなると、泣きたいじゃないですか。家に帰ってから泣くぞって思って帰りました。でも疲れて泣く前に寝てしまったりするのです。

いまのままのあなたでいい

山折　私も永く患者をやったわけですけれど、目の前にいる医師が泣いてくれたら、患者はどれだけ救われるかと思いますね。ところがお医者さんは絶対に泣きません。せめてもらい泣きくらいしてくれたらなと思います。

生野　私たちは単に身体だけを診る医者ではないので、いつも研修生たちに言うのですが、治療する自分の方へ患者さんを引っ張り込むのが治療なのではないと。相手の世界にいかに入れてもらうかが治療だと思っています。ただ、共感って簡単に言うけれども、とても難しい技術なので、そんなに簡単にはできないのです。相手の世界に入り込むには大変なトレーニングがいる。

鈴木　限界を越えて相手の世界に入り込むのは難しいです、経験してないことには拝聴はできても、その代わりになるということはできないですよね。

生野　心理学の世界では、共感しなさいと簡単に言うけれどどね。

山岡　さきほど山折さんが仰った西洋の考えから来る治療というのは、どちらかというと「変わりなさい」とか、そんなふうに言っているように思えるのです。私が考えている治療というのは、「世界に一つだけの花」の歌ではないのですが、患者さんその人の花が咲くように持っていくということではないかと思っています。相手を変えようと思わない。その人の持っている、その人の特性が花咲くように持っていく、「いまのままでいい」という、むしろ「許し」というか、それを受け止めること自体のほうが、本当の意味を持っていると思うのです。西洋的な考え方で、変えなければいけないとなると、何もしてないことになってしまう。日本的あるいは東洋的かもしれませんが、むしろそのまま本来の力を出すのを待っている、その方向にエネルギーを持っていくことにより大きな価値があると思っています。

生野　本当ですね。

リスクを取らなくなった日本人―戦後民主主義の変節

鈴木　それでは「いじめ」にもう一度戻りたいのですが、「いじめ」は無くならないとしたら、どうそのエネルギーを昇華したらいいのでしょうか。

山岡　私は決して軍国主義者ではないのですけれど、例えばこういうことを聞きました、私の患者さんに韓国人のボーイフレンドがいたのですが、徴兵されて帰ってきたら別の人になっていたと言うのです。悪い意味ではなく、本当に大人になる、もしかしたらさっきから言われている「個」になる、逞しくなるのではないかと思います。決して戦争のための軍隊はいいものだとは思いませんし、日本に同じものを作れとは思いませんが。

鈴木　実際そうですね。いろいろな技術や資格を取って帰ってくる若者は、力強くなっている。

生野　軍隊というより、心身を鍛える場所という意味ではね。

山岡　あるいはイスラエルでは、男女とも十八歳になると全員徴兵されるのです。軍隊というと戦争が前提になっている組織ですからいいとは思いませんけれども、そのためにみんなが自分の国、あるいは自分の家族を守るという意味では、団結するのはいいことだと思います、

山折　リスクを背負うという感覚が意外に希薄になっていますね。国を守る、郷土を守る、風土を守る、環境を守る、そのために自分の何を削るか犠牲にするかという、こういう観点が非常に希薄になってきています。今度の福島原発のようなああいう問題が起こった時に、アメリカはすぐさま「フクシマ・フィフティーズ・ヒーロー」というメッセージを日本に送ってきました。現場で命をかけている五十人の作業員の方々に命を捨ててもこの危機を回避してくれというメッセージですね。五十人の作業員は「ヒーロー」だという励ましの言葉でもあった。アングロサクソンの文明、近代文明では当然そのように考える。「文明の果実を享受するならそれに見合う、リスク、犠牲を負

え」と。ところがわが国においては翌日からそのメッセージを一切報道しなくなった。

彼らを犠牲にしてはいけない。それも分かるのですよ。全員助けなくてはいけない。しかし、もしそうならば、危機的状況に立った時、じゃあその作業員全員を撤退させるのでしょうか。この選択もわれわれはやらないわけです。犠牲にもさせたくない、撤退してほしくない、そういう中途半端な態度をずうっと戦後の日本はとり続けてきたわけです。つまり犠牲とリスクをできるだけ最小限に抑えたい、ということを押し進めていくと、それ相応に厳しい現実を主体的に引き受けるという責任感みたいなものが喪われていく。その結果、あの作業員の方々の犠牲を見て見ぬふりを続けてしまうことになる。そういう形でシャットアウトして、結果として「いじめ」ている。こういう差別が構造化しているわけです。これは日本だけではないと思いますが、先ほどの釜ケ崎の話にもなるんですね。

生野　釜ケ崎でも福島で働く作業員を募集しています。

山折　「東電」のその下の下で働く作業員です。いまでも何千人という人間が、目にみえないところで犠牲になっている。それを見て見ぬふりをしてわれわれは社会的に「いじめ」ているわけです。この辺はまさに大人の責任ですね。この大人のエゴが今度は「瓦礫を自分の所では引き受けないよ」ということになってくる。あのエゴイスティックな地域エゴになっていく。いつまでも差別された人間を、その差別されたままの状態においておく。しかしその辺りをどう改善していくかということになると、政治の問題だと言ってしまえば簡単ですけれど、なかなか政治は解決できない、解決してくれない。

生野　教育の問題でもありますよね。

山折　そこで、ときに悪者の役割を果たしているのは宗教ということになる。「宗教は人を救うものではありませんか」と、しばしば言われますけれど、宗教には、戦争に加担したり、民族紛争を煽ったりしてきた歴史があるわけですよね。その点では軍隊や軍事力の行使と同じなわけですよね。宗教も、人間を飼いならす装置ではあるのですが、時々というか、しばしば失敗しているわけです。使いこなすことができないということじゃないでしょうか。

生野　血みどろの歴史もありますね。

山折　ただし、そのなかでも日本は世界水準からいうと、非常に高いレベルにあると言えるのではないでしょうか。宗教、軍隊の組織の在り方を含めてね。「いじめ」問題にみな苦しんでおりますが、もっとひどい差別による深刻な虐待がありますよ。アメリカの人種問題、インドのカースト社会、中国の格差社会など。

生野　日本は、そういう意味での真のリーダーになるように、変なところで競争するのではなく、信頼されることによってリーダーになる道というのを、難しいけど探さないといけないと思います。

山折　ほんとうにそうですね。いまも依然としてリーダー的な地位に這い上がろうともがいているようなところがある…。

生野　そうですね。結構信頼はされているのですけれど。

鈴木　震災の時の東北のみなさんの穏やかな態度というのが、世界から信頼されているのではないでしょうか。

価値の転換の時代―子どものために死ねるか

山岡　話が少し戻ってしまいますが、日本、中国、香港とか韓国で、子どもの意識調査をした結果ですが、自分の国に対する愛国心が日本はかなり低いですよね。

鈴木　それは質問のしかたによると思います。大学生の調査によると、国際的なスポーツの試合や海外旅行では日本を愛する気持は八〇％以上が持っています。しかし「戦争が起こった時に自国のために戦うか」という質問では諸外国より低いのです。この質問は今の日本では現実味がなく、さらに愛国心という言葉が軍国主義を想起させるのではないでしょうか。

山岡　これは絶対に教育の問題だと思うのですけれど、さらに私が言うまでもなく、停滞感、自信の無さ、それが若者に伝わって、それがさらに子どもに伝わってということも関連しているのではないかと思うのですけれど。

山折さん、戦後ですね、教育がガラッと変わったことから始まって、軍隊を創らない、あるいは日本が再び戦争を起こせないようにとアメリカが考えたかどうかは分かりませんが、そういう教育の変化によるマイナスの部分もかなり出ているような気がするのですが。それと「いじめ」との関係はないでしょうか。

山折 教育の変容と自信の無さとは大いに関係があると思いますね。五十代、六十代の若い人と会うような時に、「あなた、国のために死ねますか」とよく訊くことがあります、そうするとほとんどの人から否定的な答えが返ってきます。ところが私どもの世代は、実際にできるかどうかは別にして、国のために死ぬ、という言葉にはかなりリアリティーがあると思っているんですね。しかし団塊の世代からですが、「国ためになんか死ねるか」という答えが返ってくる。

山岡 そうですね。

山折 それでは、何のためになら死ねるか、と訊くと、考え込んだすえに「家族のためになら死ねるかな」という答えが返ってきます。死ぬということそれ自体は受け入れている。あるとき四十代から五十代の会社の幹部さんたちに対する研修会の席上、最近こういうことがありました。一生懸命聞いていていた女性の方でした。「私は結婚していますが。家族のためにと言われても、夫のために死ねと言われたらちょっとね…」と言い淀んでから、「私は子どもを産んではいないのだけれど、しかし子どもができれば、その子どものためになら死ねるかもしれない」とこう言い直しました。子どもというのはやはり大事な存在で、その子どものためなら死ねる、これは世代を越えて共有できる感覚だなということをあらためて思いました。

日本の社会というのは高齢化社会です。社会保障のほとんどは高齢者のために使われています。高度成長の時代なら、働く中間層が子どもの世代と高齢者の両方のために、その経済的利益を再分配することができました。いまはその余裕はない。これからの社会は高齢者が身を削ってそのコストを子ども達のために回すという時代が来ている。それができないという状況というのは、子ども世代を大人世代、高齢者世代が「いじめ」ていることになると、私は見ているのです。その価値の大転換の時期がいま来ている。それが社会全体として合意されれば構造的な「いじめ」現象も大分変わってくるのではないでしょうか。

生野　これから高齢者になっていくということは、リスクを背負っていくということですね。

山折　団塊の世代以上の世代が生涯獲得する所得が二億円、若年層は一億円、と一億円の差があると言われるでしょう。構造的に「いじめ」の状態になっている。それはいまの国家と共同体のあり方としてそうなっている、人間と人間の関係でそうなっていると言っていいかもしれない、

鈴木　医療の現場でも、延命治療をやめる趨勢があり、尊厳死の尊重と高齢者の医療費削減の意図があります。延命だけの高齢者の胃瘻や高カロリー輸液も適応が見直されています。

若い世代に私達大人が、犠牲的精神を持ち合わせて、彼らを支えて大事にしていく、という共通

のコンセンサスを持てば、それが行きわたって、学校でも先生達が子ども達を大事に考えるようになって、対応が変わるのではないでしょうか。

山折　教員の層を厚くすることはできるわけですね。

鈴木　若い人は高く雇ってあげて、団塊の人達はより安い賃金かボランティアで手伝うようにすればできる。

山折　そういうような方向にいかないと、もう国家財政が破綻する。

生野　ただ、こうした問題は簡単に結論が出せないところがありますね。

大阪の「夜回り先生」

山岡　戦後民主主義といわれるものと日本文化の問題を考えてみたいのですが、まずヨーロッパとの違いですが、ドイツ、イタリアとかヨーロッパはですね、ＮＡＴＯ（北大西洋条約機構）のもとに軍を作った。共産圏に対抗しなければならないので、アメリカは軍を作ることを容認した。再軍備を可能にしたのにはそういう背景もある。

山折　例えば日本の場合には、もう一つ日本を反共の防波堤にするというアメリカの政策があったわけですね。ヨーロッパとは状況がちょっと違う。自ら武装解除してしまったことが価値観をも武装解除することに繋がってしまった。

鈴木　にもかかわらず、日本の民主主義はアジアのかつての戦争の相手国から評価されていない。いずれ日本は昔の軍国主義に戻るのではという幻想を持たれている。

山岡　向こうは、それを自国の教育に利用しているのではないかと思います。

鈴木　そう思います。日本はまだ怖いよというふうな手を使って。

山折　しかし、結果としてその転換が戦後六十年間、日本に平和をもたらしたということも言えるわけですね。一九三〇年以降のファシズム時代を除けば、日本の一千年の歴史はむしろ平和を大事にした歴史だったと思うのです。長い期間、平和な状態で過ごしているわけです。たとえば平安時代の三百五十年、江戸時代の二百五十年、こんな平和な国は世界にない。もともと平和を好む民族なのです。それを戦争の罪障感からなのか、みずから懺悔の姿勢をとり続けてきた。しかしこれにはプラスとマイナスの面があると私は思っています。けれども、その結果、いまの自信のない国にしてしまった、

よく考えると分かるのですが、日本の学校教育を担当される先生がたの水準は、全体としてみれば世界でトップクラスだと私は思っていますよ。それをわれわれは認めなければいけない。あの努力はすごいです。

生野　学校現場では、お話に出た「情」の世界で懸命に教育を行っておられる方々がいます。な

かには、悲惨な環境で帰る家がなくなった子どもを、「引き取って育てているんですよ」と仰る先生もおられる。教師がそこまでされますからね。すごいですよ。

山岡 教科を教えるだけではなくて、本当の先生というのはそういうものだと思います。

生野 目の前で苦しんでいる子を救わなくちゃと、その思い一筋なのです。

山岡 「夜回り先生」水谷修先生ですか、お話を伺っていてどこか似ているような気がします。もちろん担任の先生ではないのでしょうけれど。

生野 そういう先生達が大阪の底辺を支えているのだなと、つくづく思います。組織の上から眺めているだけでは、そういう先生が見えないのですよ。私もたくさん学校を回りましたけれど、いつも「ああ、よくいらしてくださいました」、「授業を見てください」みたいなことで終わってしまって、頑張っておられる先生の実態や細部が見えないのです、もちろん、一方ではダメ先生もいるのですが、何が駄目なのかも含めて、もっと現場目線で感じとるようにならないといけませんね。

鈴木 ますます経済格差が広がっていませんか。昔はほとんどみんなが貧しかったですよね。でもいまはすごく恵まれている人と、すごく困難を抱えている人の差が広がっているように、子ども達を見ていると感じます。

山岡 詳しくは分かりませんけれど、外国もそうなのだけれども、美術館などで昔の芸術作品を見ると。むしろ昔の方がもっと格差があったのじゃないかなと思うのです。

生野　それはそうです。子殺しがあった時代もあるしね。

山岡　日本だけではなくですね。

鈴木　中間層の中の格差が広がっているのですかね。

生野　いま日本は子どもの貧困率が悪い方から世界で九番目です。一四・九％だと思います。アメリカは悪い方から二番目です。一番良いのはアイスランドやフィンランド。一番悪いのはルーマニアで、経済状況が悪いスペイン、ギリシャ、イタリアなどが続き、日本という順序です。

鈴木　経済大国なんて言えないですね。

「生と死」に入り込んできた「老と病」

生野　外国の教育現場では、多くは「情」よりも「仕事」としてなさっている。それが効率を上げている部分もありますけれど、私達が求める教師とはちょっと違う、やはり日本的な教育においては、人間としての総合モデルを子どもたちが見つけていけることだという感じがしますね。

山岡　いま仰ったことは、医療にもあてはまりませんか。

生野　そうですね。同じですね。

山岡　日本ではじまった研修医制度はサラリーマンであることを要求しています。

生野　医道というものがなくなってきています。

山岡　どんな重症な患者がいても、拘束時間が終われば時間が来ましたって帰ってしまうのです。昔だったら研修医はどんな時間でも残っていました。いまは誰もいません。医療の世界では医者がサラリーマンになっている。それをむしろ是としているようです。

生野　そうですね、是としていますね。私たち世代はむしろ忙しくて大変な科をあえて選びました。

鈴木　そうです。昔は重症患者さんが緊急入院になると、みんなこぞって私が担当しますって手を挙げました。勉強ができると喜んで苦労を買って出ていました。

山岡　ところが優秀な研修医が病院に来たので見ていると、研修期間が終わったら、ぼくは皮膚科に行きますって言うのです。早く開業して趣味を生かした生活をしたいと。

山折　人気のない科があるのですね。

鈴木　特に外科、産婦人科など苦労の多い科は人気がありません。小児科は少し盛り返してきているのでしょうか？

生野　まだ駄目ですね。

ところで、苦労する仕事ということで思い出したのですが、映画の山田洋次監督にお会いしたのですが、監督は撮影現場からフィルムが不要になったことについて「手間暇かかる作業が減ることで、職人や名人仕事が減り、映画の品質まで変わってきた」と嘆いておられました。私達の身辺でも同じようなことを感じますね。手間暇って、やはり人間的で、求道的ですよね。

また、新藤兼人監督が乙羽信子さんと『午後の遺言状』を撮られた時のドキュメントを見たのですが、乙羽さんの命の問題で時間が少ないのに、どうしても撮り直したいシーンがあり、乙羽さんの同意を得てやり直したとのことです。演技が悪かったのではなく、背後の窓が開いて見事な風景が強すぎたためだった。だから窓を閉めて撮り直したとのこと。これって、手間暇がいかに作品の質に影響するかが実感できるエピソードですよね。手間暇によって物や出来事に血が通う。ところが医療や教育、芸術など、飛びきりきめ細かく扱わねばならない分野でさえも、効率性や市場価値に目がくらんで、大事なことを失っているという気がしますね。

日本文化とヨーロッパ文化の価値観の違い

山岡　山折さんが仰られた自己犠牲でしょうか、その犠牲というものが、日本の文化の中では、よいものという概念があったのではないかと思いますが。それが外国からみると犠牲というものはとても悪いものだと見られて、そういうものに洗脳されて日本の制度が変わってきている。価値観が変わってきているという気がするのですけれど。

山折　まあヨーロッパ近代文明の特質といったことを考えると、その原点にあるのが、「ノアの箱舟」なんですね。大洪水があって、大多数の人間が死滅した後、神に許された一族だけが救命ボートに乗って生き残る、という話です。それは要するに、犠牲があってはじめて今日の人類が存在しているという考え方に基づいているわけですね。

しかし、われわれの基本的な考え方からするとどうでしょう。助かる時は抜け駆けをしないで全員で仏の慈悲で助かりましょうとなるのではないか。そして破滅的な状況になったらみんなでそれを引き受けましょう。みんなでというと「赤信号みんなで渡れば怖くない」ということにもなりますけれどもそういう文化ですね。

そこはとことんのところで、ヨーロッパと日本では価値観が違いますね。「生き残り」を第一とする価値観とはやはり異なっている。何か危機的な状況が起きた時、もっと全員大きな舟に乗れないかと考える。仏教でいう慈悲のような大きなもので肩代わりしてもらおうと考える。

ところが良く考えてみると、われわれは今日平均寿命八十年という高齢社会を迎えるまでは、人生五十年の時代を生きていたわけです。人生五十年という時代が四百年から五百年続いている。信長時代から昭和二十年代まで。その頃の人生観に「死生観」という言葉がありますが、「死」が「生」に先だって使われているのですよ。ですから生きるということは、常に死を意識していることだという価値観が、もう四百年から五百年続いていたわけです。

鈴木　「葉隠」の「武士道云ふは死ぬ事と見つけたり」ですね。

山折　「葉隠」というと私なんかもその言葉しか覚えていないのですが。ともかく「死」ということを大事にしてきた文化だったのであって、そこには自然な形で「犠牲」とか「自死」というものを受け入れる文化がいつの間にか作られている。私はそう思っているんですね。それが八十年時代になると、「生」と「死」の間に「病」と「老」の問題が割りこんできて、これでもう社会も政治も経済も対応しきれなくなっている。その結果、「死」がずうっとあっちの遠くの方に追いやられてしまった。「犠牲」の観念があったにもかかわらず、「死」が非常にネガティブな意味を持つと同時に、それも意識の下に隠す。そういうことに繋がった。「死」に正面から向き合わないというのは、西洋近代も同じような価値観を持っているわけですから、その点で両者が近づいてきたということですね。

人生五十年時代のわれわれの伝統的価値観というものを、人生八十年時代にどう取り戻すのかという問題だとも思いますね。特に医学の世界というのは「死」というものを正面から見ないようにしてきたわけですから。だから日野原重明さんを私は尊敬しておりますけれど、日野原先生の人生観には「死」についての考え方はあまり積極的には取り上げられてはいませんね。

鈴木　あの先生は超人ですよね。

山岡　まさしく超人です。あの先生は百一歳ですけれども、どうやら百二十歳まで予定を決めておられるそうです。

山折　金さん、銀さんレベルの話ですね。

翁媼（おきな・おうな）と童の世界

生野　犠牲ということは、物事を成しとげるために大切なものを投げうって尽くすということですよね。その犠牲には内発的なものと外発的なものがありますが、外から強いられた時には本当の意味の犠牲ではない。だから内発的な犠牲というものは、自分の本来の誇りや信念とか、そういうものとセットになっていなくては駄目だと思うのですよね、だから、本当に自発的にリスクを背負う老人を育てるには、やはり老人を尊敬するという若者を育てていかないと難しいと思うのです。

鈴木　こちらも尊敬される老人にならないといけないですね。

生野　そう、両方とも教育のテーマと言えますよね。

山折　言葉としては翁媼（おきな・おうな）の世界です。子どもは子どもという代わりに童（わらべ）という、翁媼と童の関係というのはいい文化だっと思いますよ。ああいうものは他の国にはそうそう見られないと思います。これもだんだん使われなくなりましたね。

山岡　いいものを、守って行くというような価値観というものは、戦争を境に無くなってきている。たくさんのいいものを、日本人は持っていたと思うのです。すべて西洋の物のほうが上とか、やはり偏見みたいなものがある。日本の物のほうが下とか。本来絶対そんなことはないと思います。

山折　そういう意識をお持ちの知識人の中で、一、二を占めるのがお医者さんだと思いますけれどね。何々大学医学部の何々という肩書のある人には、だいたい日本的な価値観は歯牙にもかけないという人が非常に多いですね。

鈴木　戦後かぶれという意味ですか。

山折　医療の最前線におられる方々には、もしかすると必要なことだと思いますが。

鈴木　確かにほとんどの知識は外国から入ってきます。ガイドライン、治療の指針とか、ほとんど外国のものを使いますね。それでちょっと横文字を言っちゃったりします。お墨付きをもらったような形にしてしまいますよね。

山折　以前、沖縄の名護市にある分裂病の開放病棟で一月くらい過ごしたことがありますが、その先生が二重カルテを作っていました。一つのカルテは英語かドイツ語でカルテを書いていました。もうひとつの日本語のカルテでは分裂病患者の病名を「神がかり」と書いていた。「神がかり」になった病状というのは、土着的な診断名ではあっても決して病名ではない。そういう態度で治療しておられました。私、自分も偉そうなことは言えないのですが。二重帳簿の考え方は非常に意味のあることだと思いましたね。大阪弁の診断書があってもいい。

生野　本当ですね。それ、すごいですね。いまは診断ありて病気ありなのです。

鈴木　病名あって病気ありなのですよ。

生野　たとえば昔は、学校に行ってない子は「行ってない子」で良かったんですよ。「登校拒否」やら「不登校」というから、逆に複雑になったところがたくさんある。発達障害だって、そういう傾向がありますね。以前だったら「付き合いにくい人」とかですんだものが、障害と診断されたりする。もちろん、診断によって治療方針が見えてくることが大切なのですが、診断しないと報酬がつかないという制度が無理な診断を増やし、診断基準に人間を押しこめる場合もあるってことです。すると、受診者にとっては病名があたかも自分の別名のようになって、アイデンティティに入り込んでくるのです。で、それを避けるには「二重帳簿」、いいですねえ。

山折　「いじめ」、「いじめ」と言っていると、みんな類似の「いじめ」現象になってしまう。みんなが言うと、社会的に開放されて、同調圧力になってしまう。大事なことかもしれない。

生野　物事に幅を与える度量というか、腹太さというか、それが社会に無くなりましたね。

山折　かえってそれで「赤ひげ医者」になるわけですけれどね。世間はちゃんと見るところは見ているわけですからね。

「いじめ」という言葉を別の言葉、別の表現で表すことができたのだろうけれども、あまりそういう努力をしない。それがあることは否定することができない。しかしその「いじめ」に代わる言葉はあるかというと、新しく変わりうる言葉が無い…。

生野　確かにそうですね。だっていまぴったりする言葉を言えと言われても、出てこないですよね。その点、関西弁の「いけず」という言葉はいいですねえ。「いじめ」る側をたしなめるニュアンスがあって、だけれど、「そういうこともあるよねえ」みたいな大らかさもあって。私達の時代は、そんな風な言葉でうまく慰められたり、たしなめられたりしましたよね。

般若の面にある怒りと悲しみ

生野　日本人の持っている伝統的な智慧ということで言えば、「般若」って知識を乗り越えたところにある本当の智慧という意味ですね。「般若心経」の「般若」というのはもともとはパーリ語なのですね。

山折　「般若」はサンスクリット語（梵）で、prajñā プラジーニャーです。その方言であるパーリ語（巴利語）ではパンニャですが、その音の漢字による当て字です。仏教の教えには意訳することができるものと、意訳することが非常に難しいものの二種類があるとされています。

難しい言葉は音で写すという方式で、翻訳がなされたのです。それを意訳しますと、智慧という言葉で置き換えることはできますけれども、その意味内容はとても難解でわれわれのいう智慧とだいぶ違うというところから、「般若」と音訳した。

生野　でも面白い訳だなと思っているのです。智慧を般若というあの字を当てたというのは面白いぞと思ったりしまして。

山折　あれは能の世界で般若面という面がありますが、般若面を作った人の名前が般若といったのです。それで後であの面が般若（プラジューニャー）と結びついた。一種の誤解です。しかしそれでいいのです。それこそそういう解釈がのちにでき上がって行きますから。

生野　ええっ、そうなのですか。

山折　あの般若の表情がすなわち智慧の輝きでもあると言いたいのでしょうが、それでいいんですね。成り立つのです。

生野　智慧というのは、ほどほどマイルドな概念ではなくて、修行に裏打ちされた厳しさっていうか、行動が求められる激しさっていうか、そういう感じがしてあの言葉がぴったりきたんですよ。

山折　それでいいのだと思うのです。私もそう思います。般若の面というのは顔の上半分が悲しみ、下半分が怒りの表情を表している。悲しみと怒りを同時に表現している。二重表情なのです。心の治療のもってこいのモデルになるのですね。よくご覧なると目はたしかに泣いているのです。しかし口は裂けている、これは怒っているのです。

生野　面全体で嫉妬や怒りを出しているのだと思っていましたが、そうなんですか。それは意味が深い。

山折　なかなかのものです。われわれの先祖というのは。

生野　泣いて怒っているのですか。なるほど。

山岡　日本文化のよさというか、言葉にはなりませんが素晴らしいものです。「復活」ではないのですが、追いかけるとある意味での「いじめ」が消えていく気がします。少し話が飛ぶのですけれど、そういった解決というのは無いのでしょうか。

「お能の世界」はカウンセリングのモデル

山折　いま般若の面の話が出ましたけれど、私はその点では「お能の世界」がそのような世界ではないかと思います。日本的なカウンセリングのモデルがお能の舞台ではないか。世阿弥のものにも色々ありますけれど、夢幻能というものを作り出したのが、世阿弥です。それには、亡霊が主人公、シテとして出てきます。かつての栄光の時代のことを語りはじめて、いかに自分が非業な死を遂げたかとか、悲劇的な人生に終わってしまったかということをかきくどく、そういう物語になっています。あるいは子どもを誰かに拐われて、それを嘆く母親とかが出てきて、嘆きに嘆いて舞を舞うのですけれども、ポイントは下座に座って黙ってそのシテの嘆きを聞いているワキの僧ですね。

そのワキの僧が、一言もしゃべらずにシテが嘆いている不平不満、身もだえする嘆きの言葉をずうっと聞いている。ところがそのシテは舞いを舞っているうちにだんだん心が鎮められていく効果を狙った。そして最後に舞台を去っていく。これが世阿弥の夢幻能の基本構造です。私は、シテはクライアントで、ワキの僧はカウンセラーだと思います。クライアント・カウンセラーの人間関係というものを、あの時代に世阿弥は夢幻能の形で舞台化しました。恨みとか怨念とか憎悪の気持ちを鎮める、寛解させる、そういう要素が能にはある。日本の伝統文化の深さですよね。なにもカウンセリングの理論を西洋から学ぶ必要はない。学ぶことがあってもいいけれど、それと同じことを深いレベルで中世の能の芸能の中に見出すことができるのです。

山岡　日本人は外から来たもののほうがあたかも優れているように錯覚を持っているのではないかと思うのです。ちょっと極端かもしれませんが。実は日本にもっと深いものがあったということですね。

鈴木　森田療法もいま諸外国から見直されています。「禅」もそうですね、認知行動療法というすばらしい欧米的な治療法があるのですけれど、それも「禅」の心を取り入れて、使っているのをアメリカで見てきました。

山折　禅問答というのも非常に治療に役立つところがあると言われていますね。

鈴木　日本人が、日本の伝統をどう解釈したらいいかということを伺いたいのです。たとえば基礎知識がない私などはお能は見ているとたいていは飽きてしまって、子どもは更に見ないと思うのですが、中高生が興味を持つような解説をして伝統芸能の授業を入れるというのはいかがでしょうか。

山岡　文科省がちゃんとやるべきですよね。

生野　山折さんが仰いましたように、「いじめ」というのは日本的な独特のものだということを踏まえると、いまのお話しのように日本的な要素から、解決の糸口を探るというのは大事なのかもしれません。

山岡　日本文化の伝統のなかにむしろ解決のツールが入っている。

生野　「いじめ」は日本的な二者関係、三者関係を背景にして起こってくるものだから、いまのお話はぴったりそれに沿っていると思います。

浅田真央にみる日本的舞の姿

山折　先に述べた柔道の野生化と対照的なものとして、アジア大会などで見せられた日本の女子のフィギュアスケートの世界のことを語ってみたいんです。

とりわけ浅田真央さんのあのフィギュアスケートの姿、実に素晴らしいものだなとずっと思い続けて居りました。なぜ浅田真央のフィギュアスケートの世界がすごいのかずっと考えておりまして、私なりの理屈をつけてみたのです。必ずしも彼女は常に一位を保っていたわけではありません。三位、四位、五位に沈むこともありましたね。しかし、そういう場合でも彼女のスケートは世界で第一位の品位を保っていたと私はずっと思い続けておりました。

その理由は、ほとんどの世界水準のスケーター達のフィギュアスケートの身体、舞の姿というのは、素晴らしいことは本当に素晴らしいのですけれども、それらの技は最終的に空を飛ぶ鶴、白鳥、あるいは地上を走る豹、雌鹿、つまり動物ないしは鳥達の行動に還元することができるような気がするんですね。例えばアメリカ、イギリス、ロシアのスケーター達の姿というのは、限りなく動物に近づいている。動物のしなやかさ、美しさ、俊敏さ。ほとんど例外ないと思うんですね。それもやはりスポーツを通して人間が実現した一つの究極の身体の美しさであろうと思います。

ところが浅田真央さんのあのフィギュアスケートをやっている時の姿を見ますと、最初は確かに一瞬白鳥の姿になったり、豹の姿を思わせたりしておりますけれども、最後の段階に入るに従って、そのような生き物的な世界からすっと超越して、風のそよぎそのもの、川のせせらぎの音そのもの、つまりは自然の動きに限りなく溶け込んで行くような姿、こういう舞の姿を見せるようになっている。これは他の第一級の選手のどこにも見出すことができない、そういう舞の世界ではないのかと私、最近思うようになりました。これは浅田真央という名選手の固有の性格から出ていることなのか、あるいは日本の文化の中から生み出された一つのエッセンスの姿なのか、よくわかりません。でも、世界のどのスポーツ選手にも負けることのない、ある素晴らしい目標というか、そういう独自の世界を既に彼女の身体が実現している。表現している。これはわれわれの文化にそういうものがあるのかもしれないとも思うんですね。最近のオリンピック柔道が陥っているのは、ここのところの問題があまり自覚されていないということではないでしょうか。動物的野性をどうしたら乗り超えることができるのか。それは日本のフィギュアスケート界がいま、浅田真央という選手を通して実現しかかっていることかもしれません。

最近の柔道界の不祥事を見ていてつくづくそのように思いますね。

伝統の意味を伝える

生野　ところで山折さんは京都にお住まいですよね。

山折　そうです。毎日お祭りを見ているようなものです。特に私の住んでいる所は、下町です、祇園祭には山車を出す町です。鉾は立てませんが、山車は出しますから、本当に一年中祭りを楽しんでいます。

生野　昨年の祇園祭に来て、鉾を見て歩いたのですけれど、涙が出ました。日本の心いきというか、お囃子にのって掛け声かけて、命綱を握って鉾が動き始めるところなんかドキドキしますね。

鈴木　「大文字」とか、ああいう行事は霊的なものですよね。観光気分で火がつくのを楽しむという感覚でおられる方も居ると思いますが、あの夜は背筋が寒くなるような、霊が上るような気がするんです。本当はそういう火なのですよね。

山折　「魂送り」ですからね。だけど一般的には観光用語でこれを「大文字焼き」と言ってしまう。しかし、あれは死者の魂送りの行事です。

鈴木　何のために、どういう意味があってやっているのかということを、もっと啓蒙していく必要があるように思います。あの火はドンチャン騒ぐのではなくて、ご先祖様が帰ってきているのだから、それを感じましょうと、みんなで子ども達が小さい時から言っていくというのはいかがでしょうか。

山折　本当はそうなのです。しかし京都市でも、かならずしもそのことに取り組んでいない、観光行事としか捉えていないところがないではない。だからこの間の「五山送り火」の際に、被災地陸前高田から送られてきた松を使わなかった、といった問題が持ち上がってしまいました。それもその表れです。

鈴木　でもそれは残念ですよね。

生野　それでも京都の人は、懸命にというか生活まるごとで伝統を守っていますね。並大抵じゃないこだわりを持ってらっしゃる。京都の人はえらいと思います。

鈴木　古くからおられる本来の京都人の方だけでなく、新たに入ってこられた方も伝統を守られますよね。

山折　京都の旧住民と新住民は、少しずつお祭りを通してうまくいくようになっていると思います。お祭りがなかったら分かれ分かれちゃうのでしょうね。普通の自治体と同じように。いまでは外国人も喜んでお神輿を担ぎますしね。やはり祭りは大事なのですね。

鈴木　私の住んでいる地区でも、小さな神社ですけれど、祭りがあります。子どもも参加しますけれどだんだん減っているようです。祭りは何のためにやって、どういう意味があるのかということを、みんなで教えながら、育てていかないと本当の意味が分からなくなってしまう。そう思います。

山岡　それも学校の役割かもしれないですよ。

鈴木　神社とかお寺さんとかが地元の学校に行って、祭りはこういう理由でやるんですよと、それこそ自由課題の時間を使って自然な形で教えることで、子どももすうっと入っていくように思います。私、学校の校医をしている時に、子ども達に「何々しては駄目」って言っても、子どもは聞いてくれませんでした。そうでなくて「これをこうすると、こういうことが起きるから駄目」と理由を伝えると分かってもらえます。お母さんたちは「駄目駄目」、「しっかりしなさい」と言うけれど、理由を言えば分かってくれるように思うのです。

山岡　親自身が理由を分かっていない、あるいは理由に対する価値観ができていない。

鈴木　「先生が怒るから」なんて言ってしまっている親がいます。

山折　戦後の永い間の政教分離政策で、市町村における宗教教育が疎まれてきました。私も文科省の委員会などに出ていますけれども、政教分離の立場から強硬な反対があるんです。

鈴木　宗教アレルギーですか。

山折　アレルギーですね。

鈴木　私お盆などに患者さんやご家族に「お墓はどこですか」とか、「お墓参りは」とか訊くのですが、「お墓はあるけれど知らない」とか、「墓参りには行かない。お母さんが行っているから」って言う方が増えました。先祖はどこそこから来たとか、ご先祖様に恥ずかしいことはできないとか、亡くなった祖父母はあなたのことをとても可愛がっていたという話を改めて聞くことがすごく大事だと思うのです。それは「いじめ」の防止とかにも通ずると思います。

背中が持っている「癒やし」の力

山折　戻りますが、私もお能は、だいたいいつ行っても居眠りしています。最後の五分間ほどのところで目が覚めるのです。それはシテが去って、橋掛りを通って幕の方に歩いて行くでしょう。その時の背中がいいのです。やがてワキも、そのあと背中を見せて去って行く。あれもすごく魅力的ですね。人間というのは人と出会うと正面に向かい合って話をして、別れるわけですが、別れた後その人間にどういう思いが湧いてくるか、どういうイメージが浮び上がってくるか、ということを「背中」が教えてくれる。あの場面を見ると、しみじみお能を見たということの安心感のようなものが湧くのです。

なぜそう私が思うようになったかというと、病気をして長い入院をした経験がありますが、その時、午後になると主治医が一回診に回って来て、一、二分話して立ち去って行く。看護婦さんが二、三回来て点滴などをして去って行く、病室に人が訪れるのはそれくらいです。その時ですね、去って行く時の、お医者さんの背中、看護婦さんの背中が大変気になるんですね。ほとんどの場合が冷たい背中をしているのです。ところが十回に一回、二十回に一回、暖かい背中を見せて去って行く、そういう場面があります。それはちょっとしたしぐさ、靴の音のたて方、ドアの閉め方、ほんのちょっとした時に見せる看護婦さんの背中から感じるんです。背中というのは非常に大事だなと思いました。人は会って別れる。通院をしている時は診察室に入って、対面して話をするのでお医者さんの背中を見ることはありませんが、入院してはじめてその「背中」の表情というものに気づいて、それがお能の舞台と結び着いたのです。背中が持っている「癒やし」の力といいますか。

鈴木　そういう芸能はなかなか見る機会がないので、解説がないと理解できないと思いますが、解説がついて中高生も見ることができるといいですね。

生野　かつては、日常生活の中で子どもは、そういう会話を聞いたり、見たり、感じたじゃないですか。でもいまそれがない。教育でするとなっても、教える人がもたない。

山折　いまようやく、中学校で道徳教育の時間が一応設けられています。文科省の調査によるとこれがほとんど空洞化しているというのです。何を教えていいかわからない。副読本みたいなものはあるのですけれど。使いこなすことができない。上から儒教的な倫理を教えたって、そんなことでは効果はない。そういうところを工夫しなくてはならない。これは教育委員会の仕事かもしれませんが…。

生野　教育委員会ですか、うーん、難しいですね。

鈴木　ユーモアの精神や大岡裁きのような粋な判断がないからでしょうか。ガチガチ過ぎて子どもが受入れにくい。

生野　これはですね、システムを決めるとかそういうレベルでだけ考えていたのでは、空回りしますから、内容や方向性を大局的に理解できる人が考えないと駄目なんです。

山岡　教育委員会にハートがないのじゃないですか？　一つのシステムだけでは駄目ですよ。システムがきちっと動いて、本来の目的に達するためにも、ハートが必要です。

生野　本当にそうですね。ハートも余裕も欠乏気味ですね、現状では。

山岡　文科省にもないのではと思います。

鈴木　そうすると期待できるのは学校選択制、外部評価制度、中高一貫教育など、先進的ともいえる改革案を次々に打ち出している品川区のような地方自治体で、成果が出ればそれをモデルに全体に広げていく。

山折　品川がモデル地区なのですか…。

山岡　ラジオで秋田県のある町の町長さんが話しておられましたけれど、この町の学校は全国でトップレベルの学力を持っているのですが、お年寄りを大事にするということがベースになっているのだそうです。それが教育のレベルの高さと同じだというのです。小学校、中学校の教育においてレベルの高さを維持するのは単なる知識の詰め込みではないのだそうです。

生野　それよく分かります。たしかに。総合的な人間力ですよね。

鈴木　お年寄りを大事にする、老人施設と交流するなどの活動について、無理して活動させてもいまの子は受け付けないと思うのです。自分たちも楽しみながら社会に貢献できる方法が良いと思います。軽佻浮薄さがいいとは思いませんが、かしこまらない形で教育の現場に導入されるといかがでしょうか。

山折　ボランティアでいいと思うのです。そこにいろんな職種の方が登場して、いろいろな価値観を話す。

生野　それはいいですね。ただ、学力に拘泥している、あるいはせざるをえないような学校が、そういうことをできるかどうか……案じられますね。学校間競争が強いられたりして、そういう価値観を実質として重要視できなくなってきている。これからの日本を預けたいと思う若者は、たとえば路上生活者の気持ちも分かる骨太な若者であってほしいのですが、そういう人間力を図る物差しがあまりにも少ない。育てようとする計画さえも乏しい。

そもそも国の将来を預ける者を選抜する手段として、知識だけを目盛とした学力しかないというのは、きわめて貧弱なありかたですね。学力といっても、私は「知識の外在化」と言っているのですが、現代においては知識はパソコンや携帯の中に入っている。若者と話をすると、すぐにパソコンを開き、さまざまな知識を検索しながら話を広げてくれる。そうなると話はとても面白いのですが、そうした知識は彼らの頭の中にはほとんど入っていないのです。必要ならまた検索すればよいのですから。私たち紙ベース時代の人間は、知識を記憶して、必要な時は自分の頭の中を検索しました。知識とは内在化されてこそ意味あるものであったのです。しかも、知識が自分なりに構造化されて独自な形を持っていた。だから、知識が人間力を図る有力な物差しにもなりえたのですね。

しかし、現代は違っていて、かつての物差しが無効になりつつあるのに、まだ私たちは真のリーダーを選ぶ有効な指標を開発していません。知識力をあまりにも信奉しすぎる教育が、果たしていつまで続くのか。このようなやり方で、人間が機械よりも優れた将来を生み出していくことができるのか。これこそが、これからの教育の最重要な課題になっていくような気がするのです。

学校に若者宿を採り入れる

生野　山折さんが仰いました若者宿、若衆塾と少し関係するところがあるのですが、いまはすべて横繋がりじゃないですか。一年生、二年生、三年生というように。昔は地域の集団というのは縦繋がりであったわけですよね。それが無くなって、いまは横繋がりだけで、同じレベルの人が繋がっている。多くの「いじめ」はそこで起こる。で、横糸に縦の糸を入れ込んでいる学校があります。イギリスの寮制度と似たところがあるのですけれど、六年生から低学年を縦に分けて、それぞれ何々グループみたいに名付けて、運動会や遠足などの行事や校外授業も、多くを縦グループで行うのです。普通は遠足だって同学年で行くでしょう。その学校では縦グループでの遠足なのです。それで年長児が下の学年の面倒を見るというのが徹底しているのです。運動会も同じだからどうしても強い絆ができてくる。山折さんが先ほどお祭りのお話をされましたが、そういう地域的な行事にもそのグループで関わるようにすれば良いでしょうね。担任も、同学年でクラス分けして決めるのが通常になっていますが、その学校では学年の担任もいるのですが、縦グループの担任もいるのです。

横糸に縦糸を組み込むやり方に、私は今後のヒントを感じますね。
山折　年齢階程性の導入ですね。
生野　そうです。それが学校制度に若者宿的な構造を採り入れる一つの方法かなと思うのです。
山折　そうですね。それは若者宿のプラスの面の活用ですね。
生野　それをいまの学校制度にうまく組み入れられないかと考えます。
山折　「いじめ」の抑止力になりますね。
山岡　昔はきっと、縦の年代で集団で遊んでいたはずです。
生野　それが地域のまとまりでもあった。
鈴木　登校する時の班というのが、上から下までの単位で構成されています。
生野　そうです。それをもっと多様な関係に組み込んでいくのですが。昔はそんなことしなくたって地域があって、お兄ちゃん達に守ってもらうことで、支えられていましたよね。「いじめ」られることもあったけれども、守ってもらえることもあった。子どもが縦糸と横糸で結ばれていて、どちらかが縺れても片方が支えたりする。しかしいまはそれがないから、どこかが綻びるとすぐに「はぐれっ子」になってしまう。振り落とされてしまうのです。だから転校する案などが安易に出てくる。

「いじめ」られる側の問題

山岡　こんなこと言ってはなんですけれども、「いじめ」られる側の弱さというのも出てきているような気がします。「いじめ」の加害者のほうがこれまで議論されクローズアップされてきたけれども、「いじめ」られる側の弱さとか、「いじめ」られやすさということも考えてみる必要がある。

生野　それはやはり、さきほどの「ひとり」という考え方をいかに育てていくかという社会的な問題でもあるでしょうね。

山折　谷崎潤一郎の初期の作品に、ある女子生徒が男子の生徒たちを、いつのまにか奇妙に支配しはじめる『少年』という小説があるんです。それを機に、その人物を中心に隠微な「いじめ」が行われる。「いじめ」ること、「いじめ」られることが、ある種の快楽になっていく。それはとても谷崎的な世界なんですけれど。しかしこれは子ども達というか、人間のある真実性を浮き彫りにしている。そういう場面に、教育が果たして介入できるのかどうか、というと問題ですが。

山岡　「尼崎の事件」などは、そこに関係がある。親族が次々に繋がっています。誰かが警察に訴えればよかったのではないかと思うのですけれど、不思議でなりません。もしかしたら子どもの「いじめ」というのも、先生に言うと余計にいじめられる、だから誰にも言わない、という点で非常に

「悪」になるというか、犯罪につながる何か似た部分があるのではないか。「尼崎の事件」のようなことは極めて非日常的なものと思ってしまいがちですけれど、実はどこか私たちの日常の中に繋がっているものがある。「いじめ」られる側の快楽がなかったら、あれだけ、執拗なことはしないと思うのです。

山折　実際われわれの体験でも、不思議な魔力を持った生徒って周辺にいるのではないですか。

鈴木　天性の魔力というか、変に魅力的なというか、才能というかですね。男の子も言うことをきく女の子というか。

山折　それを主題にした作品を読んで考えてみる、われわれの世間的な常識を解毒させることが必要かもしれませんね。

鈴木　心の中を読み取れるようになるしかないですよね。

山折　しかし、おそらく日本の教科書に谷崎の小説が入ることはないでしょう。

生野　島尾敏夫さんの凄まじい小説もありますよね。

山岡　『死の棘』ですね。あれ実際の話ですからね。

鈴木　高校生だったらいいですね。

山折　教えることができるかな。

生野　愛の形のひとつですね。

鈴木　人の悪とか狂気とかもちゃんとオープンにして学んでいく。

生野　あれも生き様ですが、しかし子どもはやはり違う。ひどい苦痛でしかないですね。

鈴木　三島由紀夫さんの『金閣寺』も読んでいいのではないでしょうか。あの微妙な心理ですね。

山折　重要な作家は柳美里さんではないでしょうか。あの人は「いじめ」と「差別」に真っ向から取り組んでいる作家だと思います。ご自分の体験から語ってもいます。二十四、五歳のとき、川崎の高等学校で講演をやっているのです。少人数の生徒たちの前で、「自殺」について真正面から語りかけています。それを頼んだ高校も高校、立派だと思いますが、語ったほうもよくぞ語りかけたものと感心しますが、見事なものでした。しかし柳美里の小説というのもいまではむしろ禁句とされているのでしょう。

生野　とても魅力的ですけどね。

鈴木　やっぱり、「いじめ」の書かれているような小説も取り上げて、心理を学んでみるということも必要ですね。「いじめ」る側の心理も学べますよね。

山折　それは導き方によっては、可能だと思います。

ゲームが「死」をバーチャルにする

山岡　さっき話題になっていたのですが、バーチャルな世界と現実の人間社会との違いというものが、子どもの心には、あやふやなまま、そのまま放置されているような気がします。先ほどのような殺人ゲームが許されていること自体がおかしい。これは規制されなくてはいけない。先ほどから挙げられている小説の方はむしろ読ませるべきです。知らせるべきものが知らされないで、知らせていけないものが放置されている。

生野　本当にそうです。「いじめ」とかそういう問題より以前に、子どもが持っている攻撃性が身体ごと「野生化」されるのです。さきほど言ったように、年少児があゝいうゲームによって、いったん「野生化」されてしまうと染みつくんですよ。だからいまの子どもたちが使っている「死ね」とかいう言葉、あれは私たちの感覚とはぜんぜん違いますよ。染みつくということは、怖れや違和感なしに日常生活に言葉や観念が入り込むということで、その分、現実の実態からどんどん解離していくのです。閉じこもってゲームだけしていると。現実の感情や感覚が分からなくなるくらい遠のいている場合もあります。

鈴木　軽いゲーム感覚ですよね。

山岡　子どもが何かして、本当に入って死んじゃうのって。分かっていないことがあるんですね。

生野　よく言われていることなんですが、死がリセット感覚で、軽い排除方法みたいに感じられている。「ちょっと死んでこい」と。

外来治療では、日記を書いてもらうことがよくありますが、死にたいと書く若い人が多いのに驚きますね。ですが、こちらの感覚とはだいぶん違って「ちょっと休憩したい」みたいな場合が多い。だから治療者があまり重く取り上げると、本人の気持ちと食い違って逆効果になることもあるんです。「そうなんだあ」くらいで受け答えするのが丁度よい場合が増えてきましたね。

山折　全共闘時代、私なんかも学生から「いじめ」られました。学生たちに「死ねー」って言われた。いまのはそれとは違いますね。

生野　重い言葉だったですよね。山折さん失礼ですが何年生まれでいらっしゃいますか。

山折　一九三一年生まれですから、ことし八一歳です。

生野　そうですか素晴らしい。

山折　あなた方はいじめたほうですか。

生野　いえいえ、とことん考えさせられたという立場です。徹底的に議論をして、良かった面もあります。いずれにしても私たちの年代では、大学生は権威と闘うものだと思っていましたがね。

鈴木　私の時代はエンタープライズが佐世保に寄港しており、反対デモに行く時代でした。大学の運営に不満があり、大学キャンパスで学生集会をしているところに機動隊が入ってきて、催涙ガスを投げられました。何にも悪いことはしてないのにと思いながら逃げました。

山折　現在はまったく別種のクレーマーが、いつのまにかますます多くなっています。

「いじめ」を受け入れる社会システム

山岡　必ずしも困っているという話ではないのですが、私の患者さんにある企業の苦情処理をするコールセンターでアルバイトをしている人がいます。コールセンターというのは新聞でも取り上げられていますけれども、消費者が商品を買って困ったことがある時に、消費者の苦情を聞いて相談に乗る所です。そこが関係ないことまでドンドン文句を言う場になっているのです。別の患者さんですが、「私、コールセンターに対するクレーマーになっています」と言っているのです。「そこに電話を掛けるとすっきりする」って言うのです。「悪いなぁと思っているのだけれど、訊いてくれるんです」って言います。社会にはいろんな場があるなと思いました。コールセンターの人自体もそうされていることを、意識して受けているのですって。

鈴木　無料ですもの。

山岡　「いじめ」とは違うのですけれど、そうしなかったら子どもに当たっていたりすることになる。

生野　「いじめ」る時の快感というのが「いじめ」本能にはありますね。

山岡　そうです。その部分をちゃんと受けてくれるところがあるという、すごい社会システムなのです。

生野　「いじめ」ているというのは、それを受けて苦しむ相手が要るわけです。

山岡　やっているほうも分かっているのです。だからクレーマーの一部は「いじめ」党です。分かっていてやっているのです。

鈴木　「いじめ」とは思っていないから、「いじめ」は成立しないのです。

「聴いて、聴いて、聴く」ことの大切さ

山折　私も、最近は無くなったんですが、相談と称する電話が掛ってくることがよくありました。そして、くどき始めるのです。次から次へと。自分のくどきから始まって、家庭内のいざこざに移っていく。聞くに耐えないようなリアルなことまで、洗いざらい話しはじめる。そういうことが一月に一遍くらい、同じ人から掛かってきたこともありました。最初のうちは、こちらのほうで適当なところで電話を切っていたのですけれど、だんだんそれができなくなってくる。心理的に妙な具合

になってくる、そんな状況になってくる。それで最後まで聴くことにしたのです。こちらから電話は切らないと。長い時は一時間も続く。黙って聴いていました。相槌を打たないとまた怒るんですね。相槌だけですね、出来るのは。下手なことを言うと、それがまた怒らせてしまう。そんなことが長年続きました。そういう時は夜でも仕方がないと諦めたものです。

鈴木　女性の方ですか。

山折　女性も男性もいました。女性はだいたい家庭のことから始まります、男性は社会に対する恨み、私に対する批判です。その当時ちょうど国際日本文化研究センターに勤めていて、心理学者で臨床心理士の河合隼雄さんが所長でした。それで河合さんとよく話をしたのですね。臨床心理士と宗教家とはどこが同じで、どこが違うかといったようなことについて話し合いました。河合さんは「聴いて、聴いて、聴くことに徹することだ」と言っておられた。私はその点では宗教家も同じだけれども、もしもその両者が違うところがあるとすれば、宗教家の方は「宗教家は最後に方向づけをするということではないでしょうか」と言ったことがあります。ここが臨床心理士との違いだろうと私は思っていました。で一年、二年経つうちに時々この話が二人の間で持ち上がるのです。そのうち「聴いて、聴いて、最後になって、ひょっと何かを言ってしまう」そういうことがある、というような話になって、それはどうだろうということになった。なかなか結論が出なかったのです。もとの黙阿弥ですね。数年こういう問答を繰り返しましたが、やはり結論は出ない。二人の共同研究にしようかということになっていました。

その兼ね合いが難しいですね。「聴いて、聴いて、聴く」ことは非常に大事だけれども、ひょっと何か言うことは、いい場合もあれば、悪い場合もある。結局それでいいのかなとも思います。カウンセラーや宗教家というのは迷いに迷っているものです。

河合さんは忙しい人でしたから、ご自分の個人電話は知らせないようにしていても、自分のクライアントにはちゃんと教えている。いつ電話が掛ってくるかわからない。その心の準備はいつもしておられた。私にはクライアントはいないのですけれど、時々ファンであると称してそのような形で電話を掛けてくる人がいました。

それが嵩ずると今度は書き物を送ってきます。これが十枚、二十枚、五十枚、百枚、となるんですよね。それをしょっちゅう送ってくる。とても読み切れるものではないですよ。それが一年、二年、三年とだんだんそれも間遠になってくる。さっき仰ったように、くどいて、くどいて、文句を言ってきて、鎮められていくのでしょうね。

山岡　私の患者さんに、いわゆる霊能師というのでしょうか、そこに電話をすると、何分いくらとなっていて、霊能師に月に何十万円も払っている人がいるのです。いまそういう時代ですね。

そこで霊能師からどういうことを言われるかというと、その霊能師の言うことがまともなのです。私でもびっくりするくらい。なるほど本当にそうだねと患者さんに言ってしまうのですけれど。霊能師はインターネットでも検索できるようですけれども。

山折　ある意味で専門家なんじゃないですか、霊能師と称して。そういう匂いはしませんでしたか。

山岡　いやそう思います。ただかなり高いお金をちゃんととるんです。

鈴木　同じ内容でも臨床心理士だと安くて、霊能師になると高くなるということはないのでしょうか。

山岡　かなり霊的な話ももちろん出てくるわけですけれども、そうスピリチュアルな話です。そこら辺がまた患者さんにとって充たされる部分なんでしょうね。いま本当にはやっています。

鈴木　駄目な私を叱ってほしいというニーズもあるのですね。

山折　お金を払って、怒られたい…。

叱れる親、叱れる教師

山岡　ある意味では学校もそうかもしれないですよ。生徒によっては先生が言ってくれればいいのに、言ってくれないから「いじめ」てしまうという子どももあると思うのです。

鈴木　あります。

山岡　親もそうなのです。親が叱らない時代です。昔の親だったらビシっと怒ったことが、いまの親は「そうねえ、しないほうがいいんじゃないの」と言うだけなので、子どもを止めない。そこら辺の自信というか、教育する側に自信がなくなっている。暴力がいいとは私は決して思いませんけれど、本当の意味での信頼関係ができていれば、学校の先生に殴られて非行から立ち直ったとか、そういうことはままあると思います。しかしスポーツの指導で殴るのはまさに指導者のエゴが出ていると思いますね。

鈴木　嘘を言うようになる。親が真剣に関わらないから。親を信用していないという子がいます。

山岡　親も怖いのだと思うんです。

鈴木　親は嫌われたくないのですよね。

山岡　「いじめ」は学校が現場と言われていますが、実は身近かな、大人の日常生活の中に根源はあるということですね。

鈴木　昔は「太ったね」とか「痩せたね」とか言うと、両親が叱りましたよね。病気のために太っている人とか痩せている人がいるのだから、変えられないものは言っては駄目ですよと言われてきました。いまはテレビでも「太ったとか痩せたとか」平気で言っていますよね。それに乗じて「いじめ」もすごく敷居が低くなっている気がします。だんだんエスカレートして、「死ね」と簡単に言葉に出す、そんなこと言ったら昔は立たされました。

山岡　結局親との信頼関係が、できているかできていないかによって、叱ることができるかできないかということになると思います。学校の先生の関係も同じだと思います。

教師は正直で無防備がいい

鈴木　少し「いじめ」を予防する教育的解決法も出てきたように思います。国全体でやるのは無理だとしても、先進的な学校や地方から実行して行くべきだと思いました。私の意見ですが学校の先生が何々はしてはいけない、こうすべきと言うだけでなく。つい誰でもこんな悪いことや、怠けることをしてしまうよねとか、休みながらやろうというような、もっと正直に自分の失敗、人間の裏側、本音を語るのはどうでしょうか。

山折　教師というのは、いつでも、やはり正直で、無防備のままで立っていなければならないのですね。

鈴木　私も教えることがあるのですけれど、教師のプライドや威厳にとらわれず正直にバカになるほうが良いのではと思っています。

山折　そうです。前だけでなく背中を見せることも覚悟していなくてはいけない。

山岡　アメリカの医療における訴訟に関してですが医者は自己防衛のために本音を言わなくなっ

ているそうです。そういう医療のマイナス面というのが最近出てきています。医者というのは教師と同じだと思います。「あっごめんなさいね」でいいのです。いまは信頼関係ができていれば「ごめんなさいね」ですむことが訴訟になってしまうんです。自己防衛すること自体が関係を作らなくさせる。これが教育分野でも起きていると思うんです。

山折　クレーマーはますます多くなっています。こう家族のあり方が多様化してきますと、離婚経験が何度もあったり、子どもも前夫の子どもだったり、夫婦の関係も複雑になってきます。この場合、新しい父親や新しい母親の、子どもたちに対する育て方とか教育方針というか、子どもとの接し方が難しくなります。たとえばフランスはＰＡＣＳ制度で家族というものに対する考え方を根本的に変えようとしている。ああなると、目まぐるしく変化していく家族というものを積極的にサポートをしていかなくてはならなくなりますね。考え方も変えていかなくてはならない。日本はまだその前の段階ではないでしょうか。前の段階だとすると、われわれの古い考えかたでは、叱るのは父親ということになるのですが、しかしいまは逆に、母親の方が叱る役割を担っているようにもみえますが…。

山岡　ただ、一人が両方の役割をするのではなく、どっちでもよいけれど、それぞれがどちらかの役割をしてほしいと私は思っています。

生野　母親というのは日常的に傍にいる立場ですから、どうしても細かい小言になってしまうんですね。

鈴木　優先順位なく、ぐずぐず言ってしまうのです。

山岡　怒らないお父さんがたくさんいます。私は人間が大人になるのが遅くなっているように思います。親自体が子どもである親というか、親になっていない親が増えていると思っています。

鈴木　ちょっと未熟な方が多いですね。

山岡　小此木啓吾先生（精神科医、元慶應義塾大学教授）が生前よく仰っていたのは、「いまは三十歳でやっと昔の二十歳だよ」ということです。もしかしたら最近はもっと遅くなっているかも知れません。親自体の成熟度というのでしょうか。もしかしたら教師もそうです。勉強ばかり教えている教師というのは、社会的な成熟は遅いような気がします。そういう意味での、山折さんが仰ったように昔の五十年が、いまの八十年なのだと思います。小此木先生によれば「生物は寿命が長くなると、成熟するまでの時間も長くなる、成熟に至るまでのプロポーションは同じ」なんだそうです。

山折　高齢化社会というのはそういうことなのですね。

教育委員会制度のプラスとマイナス

山折　しかし生野さんは教育委員会の委員長をやられていて、その時は大変でしたね。

生野　本当に大変でした。あの頃は大阪だけに旋風が吹いていましたので、他所ではなかなか分かってもらえないのです。教育委員会制度にしても、制度疲労しているのに公的な会議で提議しても、議題として取り上げてもらえない。リジットな組織だと痛感しましたね。

鈴木　教育委員会は独立していないといけないですね。

生野　そうです。実態はどうかと思いますが。

山岡　教育委員会って先進国にはみんなあるのですか。

生野　無い国もあります。

鈴木　教員を退職されて教育委員会に行くというのは、教員在職中に教育委員会の覚えが良くないと行けない、それで「いじめ」なども隠そうという風潮が生まれるということをうかがったことがありますが、本当にそうなのですか。

生野　そうかもしれませんね。

山岡　全国そうなのですか。

生野　各地でバラつきが大きいですね。教育委員会の制度にはプラスもマイナスもあります。両方を見極めて、プラスの多い機構をどううまく作っていくのか、いまの緊急の課題ですね。

山折　地方分権と教育の関係をどう考えるかですね。

生野　ヨーロッパや韓国などの学校に視察にも行きました。韓国ではトップ校と言われる所に行きましたが、すごいエリート教育です。学校の施設も充実していて電子黒板などの電子機器が見事に整っています。そういう育て方をしているものですから、さすがに驚くような才能が育っていますす。進路の選択にはハーバード大とか、世界の有名大学が射程に入っているのです。

山岡　そこに行けない人が日本の大学に来る。

生野　そうですね。見学の後、向こうの指導者と話し合いをしたのです。すると、向こうのトップは「いやいや、私たちはもっと先を見ているのです」って言われたのです。「いまのやり方ではマイナスが出てきている。われわれはもっと先に進もうとしているのです」と。「このやり方ではひずみが出る」と仰るのです。

日本の高度成長時代と似たことをやっているわけですから。不登校とか、子どものストレスとかがいっぱい出てきているのですね。「これでは駄目だ」と仰るのです。じゃあ何を目指すかと訊きますと。日本がやった「ゆとり教育」みたいな話なのです。競争、競争では子どもが潰れるという危機感ですね。

山岡 それで「ゆとり教育」に行ってしまうのですか。

生野 「ゆとり」教育っぽくなるかもしれません。まったく同じ道は踏襲されないと思いますが、もっと子どもに余裕を持たせなければ駄目だと仰るのです。

鈴木 「ゆとり」になればまた違う問題が出てきますよね。

山岡 最近外来に見えた患者さんに聞いたのですが、娘さんが韓国に行っておられて結婚することになったのです。相手はお金持ちの息子さんです。結局結婚したら彼が日本に住むことにしたそうです。子ども達のためにです。韓国では子どもが受験、受験で苦しい、そのうえ一人の子どもを大学に入れるまでに一千万円掛るのですって。親の稼いだ分がほとんど教育費になるのです。

生野 それくらいしないと追いつかないのです。日本も昔、受験、受験ってやってきたじゃないですか。

教育委員長を辞して見えてきたもの

生野 競争も切磋琢磨としては必要だと思いますが、程度や質を考えないといけない、自発的な競争は子どもを伸ばしますが、強制的な競争で子どもをつぶしてしまっては元も子もない。

鈴木 競争に関してこのようなことも起こっています。学校で成績優秀者に賞をあげるときに、昔は公の場で、校長先生から賞状を渡されました。いまは表彰式をしない学校があります。蔭でそっと「あなたが選ばれたわよ」って手渡してそれで終わるのです。だから誰が受賞したかは公表しないのですね。私が「なぜですか」と訊いたら、「誰々にあげた」と言うとその子もプレッシャーになる、もらえなかった子からもクレームがあるのだそうです。何のための賞なのだろうと思うんです。

山折　みんなで一緒にテープを切ろうということですね。

生野　もともと教育はあっち行ったり、こっち行ったりしながら方向性を見つけていく歴史をたどってきましたが、やはり過去の経験を踏まえて前に進んで行かなければね。

鈴木　文科省の審議会に有識者の方がおられますよね。そういう方がどういう論理で、そういう教育の内容を決められているのかといつも思うのですけれど。

生野　「教育基本条例」問題があって、私は最後の二カ月間はほとんど毎日、日変わりのように違う人に会って意見を訊いて回わりました。私の発言には責任がありますので、狭い考えでものを言っては駄目だと思っていろいろな方のお話を聞いたのです。また、教育委員長という立場上、公聴会や専門家の方に会う機会も多かったのです。ただ、いまは地域や学校現場の真っただ中で、血を流すような仕事をしている先生たちと共働するわけですよ。その先生たちは世間的には目立たないし、出世を願って管理職になりたいとも思っておられない。まだ若い教員もたくさんいらっしゃいますが、みなさんただ一途に子どもたちに当たっていらっしゃいます。教育者としての資質は、いわゆる有識者や管理者と呼ばれる人より上だと思いますね。

山岡　警察の組織もそうじゃないでしょうか。現場の捜査をちゃんとやっているという地道な人達は、逆に言うと出世しない人達だと思うのです。教育現場も一部似ているような気がします。

生野　そういう先生達は子どもに全身全霊を向けている。自分の立身出世なんて二の次なのです。大きな負担がかかっていても、そういう先生方は「当たり前のことをやっている」と、サラリと話される。聞いているこちらの背筋がピンと伸びてくるのですよ。

鈴木　医学部もそうですよね。患者さんの診療に時間を割くより実験をして論文数が多い方が、教授選では有利でした。

深く美しい沈黙

鈴木　私達医療者に向けてのアドバイスをお願い致します。

山折　われわれは二者関係でも、三者関係においても、そしてたとえ一人の状態でも言葉なしには生きていくことができないですね。やはり言葉は非常に重要だと思います。しかしそれにもかかわらず、言葉にはどうしても限界がある。現実の「いじめ」現象の前では言葉は本当に無力です。その時、私は思うのですが、沈黙するしかありません。本当にそれができるのかと問いつめられると、自信がないのですけれど、沈黙には浅い沈黙もあれば、深い沈黙もある。切羽詰まった沈黙もあれば、やさしい沈黙もある。深い沈黙、深い美しい沈黙、そういう沈黙が必要になって来る時があるのではないでしょうか。

山岡　山折さんが大事なことを教えてくださいましたけれど、掛けられる言葉が無くなった時に、沈黙の後どうするかというと私は患者さんを抱きしめます。沈黙の中で抱いてあげるだけですごく変わります。そこら辺のところというのも医療の中にはできることがあります。

山折　日本の文化の中では、抱き締めるという言葉はあるけれども、抱擁という言葉はかならずしも使われませんでしたね、その二つの言葉の違いは微妙ですね、痴漢問題や、セクハラの問題ともかかわりがあるのかもしれません。その辺をどう考えていくか。もちろん言っておられることはよくわかりますけれど。

山岡　私もおっしゃることはわかりますが、誰にでもということではなく、ある特殊の場合においてですが、私は何人かの患者さんとは、そのように接しています。

山折　それが成り立つ関係性の中でそういうことはありうるのだろうと思います。

山岡　もちろん普遍化できるものではありません。本来それは親がすべきことだと思います。しかし親ができないからそうなるのです。一番は親だと思っています。

（二〇一二年十一月二〇日、於京都）

山折　哲雄（やまおりてつお）

宗教学者、評論家。専攻は宗教史・日本思想史。国際日本文化研究センター名誉教授

略歴

1931年サンフランシスコ生まれ。岩手県出身。東北大学文学部卒、春秋社編集部を経て、駒澤大学助教授、東北大学助教授、国立歴史民俗博物館教授、国際日本文化研究センター教授、白鳳女子短期大学学長、京都造形芸術大学院長、国際日本文化センター所長を歴任。

受賞歴

京都新聞大賞、和辻哲郎文化賞、NHK放送文化賞、南方熊楠賞

著書　「人間蓮如」（春秋社、1970）、「霊と肉」（東大出版会、1980）、「演歌と日本人―「美空ひばり」の世界を通して日本人の心性と感性を探る」（PHP研究所、1984）、「神から翁へ」（青土社、1984）、「死の民俗学―日本人の死生観と葬送儀礼」（岩波書店、1990）、「臨死の思想―老いと死のかなた」（人文書院、1991年）、「巡礼の思想」（弘文堂、1995年）、「愛欲の精神史」（小学館、2001年）、「悲しみの精神史」（PHP研究所、2002年）、「涙と日本人」（日本経済新聞社、2004年）、「親鸞をよむ」（岩波書店、2007年）、「往生の極意」（太田出版、2011年）、「義理と人情―長谷川伸と日本人のこころ」（新潮社、2011年）、「ニッポンの負けじ魂―「パクス・ヤポニカ」と「軸の時代」の思想」（朝日新聞出版、2012年）、他多数

第二章

「いのち」の奇跡に気づく感性を育てる

居場所の無い子ども達のケア

ゲスト
柳　美里
聞き手
生野照子
山岡昌之
鈴木眞理

――前回は山折哲雄さんをお招きして非常に興味深いお話を伺いました。その山折さんから現代の「いじめ」と「差別」に真正面から取り組んでおられる、注目すべき作家として柳さんをご推薦いただきました。柳さんご自身も実人生での抜き差しならないご体験をされておられ、さらに小説に留まらず、さまざまな活動を通して、不断に若い人へメッセージを発信されておられると思います。本日は医療者の方々とのご対話になりますが、よろしくお願いいたします。

生野　「いじめ」は私達「こころとからだ」を診る心療内科の領域でも重要なテーマになってきています。「いじめ」を表面的に捉えるだけでなく、深く考えたいと思っております。ただ、われわれは同業者ですので、やはり同じような視点になってしまうのですね。医者というのは得てして独善的になりやすく、自分達で殻を破ろうとは思うのですが、ついつい見えなくなってしまいます。

山折さんのお話をお伺いして、なるほどと思うことがたくさんありました。そこでさらに柳さんから教えていただこうと思います。恒例ですので先生ではなく柳さんとお呼びしていいですか?

柳　もちろんです。何も教えていないので先生ではありません。柳（ユウ）さんで結構です。担当編集者や友人も柳さんと呼んでいるんですが、震災後に知り合った福島の友人達はなぜか美里さんと呼ぶ人の方が多いですね。二〇一二年の三月から南相馬市役所内にある臨時災害放送局「南相馬ひばりＦＭ」の毎週金曜放送の「ふたりとひとり」という番組のパーソナリティを務めていて、農家の方、小学校の先生、看護師さん、クリーニング屋さん、お菓子屋さん、宮司、住職、原発作業員、小学生、中学生、高校生——、とありとあらゆる地元の方々を訪ねて、お話をうかがっているので、親しみを持っていただいているのだと思います。

山岡　簡単に自己紹介をさせていただきます。私はこの三月まで九段坂病院という公的病院の心療内科にいました。四月から仕事を摂食障害の診療に特化しようということで、日本摂食障害治療研究所を立ち上げました。二百から三百人の患者さんがいますのでてんてこ舞いしています。

柳　三百人もいるのですか。

山岡　はい。私はどちらかといえば狭い医療の側からしか見ていない人間ですので、よろしくお願いします。

生野　私はもともとは小児科医なんですけれど、心療内科にシフトして来ました。私も摂食障害に力を入れていて、臨床心理や福祉職、他分野の医師などと一緒にチーム医療を行っています。また病院近くの地域を中心として、子ども達を支援する活動をしています。そこで、厳しい状況下で子ども達を必死に支えている先生方に接して、これがまさに教育の真髄だと悟らされている日々です。

鈴木　柳さんの『命』（小学館）という著書が、柳さんとの最初の出会いです。まず、表紙写真の、柳さんとお子さんがおきれいなことに驚きました。

私は内科医で、専門は内分泌、つまり、ホルモンです。下垂体や甲状腺の病気のほかに、二十五年間、摂食障害の治療に携わっています。摂食障害は、本来は精神科や心療内科が専門ですが、若い女性が、激やせして月経が止まると、まず内科に来られることが多いのです。患者さんの中に、本人が「いじめ」と捉えているだけかもしれませんが、「いじめ」がきっかけで発病した方が少なくありません。

山折さんにお会いでき、日本文化の伝統的な面からも「いじめ」を見直す視点を学ぶことができました。柳さんの著書を読ませていただいての印象ですが、柳さんは、単に早熟というだけではなくて、感じ方というか見方というか、もう小さい時から特別な目を持っていらしたような気がします

柳 「特別な目」を持っていると仰いましたが、私は、幼稚園の時から、周囲から「特別な目」で見られていたのです。韓国人であるという国籍の違い、父がパチンコ屋の釘師で、母がキャバレーのホステスで、両親が非常に不仲で、父の暴力が絶えなかったという家庭環境の違い――、もちろん園児たちが詳しい事情を知っていたはずはないのですが、子どもは大人よりも動物的に異質な存在を嗅ぎ分け排除します。その圧倒的な排除の視線によって端へ端へと追い詰められた結果、周縁に立って「見る」しかなかったわけです。「特別な目」は逆境から得たものですから、評価されるよ

うなものではないと思います。

鈴木　ご自身の育った環境から得られたものに加えて、時代の風を読める感性をお持ちのように思います。

医者の心が透けて見えた医療との出会い

鈴木　まず柳さんの医療との関わりということについて教えていただけますか。最近の精神分析の長谷川博一さん（社団法人こころぎふ臨床心理センター、センター長。臨床心理士、元東海学院大学・大学院教授、犯罪心理学、虐待被害者支援）さんとの面談については柳さんの本（『ファミリー・シークレット』、講談社文庫）で拝見して存じておりますが。

柳　いまで言う「不登校」のような状態に陥り、学校側の勧めで指定され精神科医に通いはじめたのは十四歳の時です。

鈴木　すぐ精神科というのはちょっとかわいそうだった気がします。

柳　学校側は、私の「問題行動」に困り果てていたんですね。摂食障害もありましたし、教室に入ると過呼吸になって保健室に運ばれる。家出をして家出先で自殺未遂をして病院に運ばれる。精神科に通院すれば、処方された薬をまとめ飲みして、母が救急車を呼んで、病院で胃洗浄をする——、というような日々で、母は母で、包丁を持って私の枕元に立っていたり、バイクに乗せて埠頭から突き落とそうとしたり、娘を殺すしかないというところまで追い詰められていましたね。

生野　その治療は小児科だったんですか。小児科では心理面に十分に対応できない所が多いのです。本来は小児科こそ精神や生活面を兼ね合わせて診察しないといけないのですがね。

柳　児童精神科ですね。

鈴木　医師との間で何か心打つものなどありましたか？

柳　十代の頃は教育や医療のシステムに対して揺るぎない不信感を抱いていたんです。それにたくさんの患者が待合室に並んで待っているのを見ると、これは一人十五分でも一時間以上かかって、昼休みに入ってしまうな、次から次へ患者の話を聞くのは疲れるだろうし、そろそろお腹も空くだろうな、と担当医の心理状態が気になってしまうのです。

鈴木　医者が時間を気にしているのが見えてしまうんですね。

柳　長谷川博一さんとのカウンセリングでも話したんですが、一言で言うと、目の前の相手が怖いということだと思うんです。ものごころついた頃から、人の表情が変わることに対する警戒心と恐怖心が強いので、表情を変えさせないためにはどうしたらいいんだろうと、その要因を先読みするのが癖になっていたんです。医師だけでなく、教師や親や弟妹や旧友とも信頼関係と呼べるようなものは築けなかった。当時の私が担当医と何を話したかというと、ほとんど記憶に残っていないですね。「死にたいですか?」と問われて、「はい」と答えながら、「はい」でも「いいえ」でもない部分に私の本心はあるわけだから、そこを探って行くのが医者の仕事なのではないかと訝《いぶか》しんでいました。

鈴木　賢いお嬢さんで、医者が困ってしまいますね。こう言ったほうが無難だろうとか、先生も悩まないだろうとか、考えちゃうんですね。

柳　「死にたいですか?」という質問への答えが、「はい」だろうが、「いいえ」だろうが、処方される薬というのはもう決まっているだろう、と。その頃は、どうやって生きる苦しみから逃げ出すかしか考えられませんでした。その先に「死」があるわけです。処方薬をまとめ飲みするだけではなかなか死に切れないから、ウイスキーと一緒に飲んで海に飛び込んだらどうだろうかなどと死ぬことで頭がいっぱいでした。

高校を一年で退学処分になって、十六歳の時に家を出て演劇の世界に飛び込みました。そして十八歳で、作・演出という立場で「青春五月党」という劇団を主宰したんですが、何しろ対人恐怖症ですからね、しょっちゅう十二指腸潰瘍と出血性胃炎を発症して、二十歳代に四、五回血を吐き、入院生活を送りましたね。

鈴木　心身症気質でいらっしゃるんですね。意識する前に体に出てしまう。

生野　ご著書でも読ませていただいていますが、過酷なご経験がマイナス要因にもなったかもしれませんが、それらの体験から学び、得られたところが多かったのでしょうね。いま、それが実って、多くの人々に影響を与え、救っていらっしゃる。厳しい経験は、その人の言葉を濃くしますものね。

「イツメン」──「ひとり」になれない女の子たち

鈴木　たとえば柳さんの虐待についての発言に対して、ネットなどでバッシングがありました。あれは「いじめ」とは違いますか。医者からすると虐待したことを責めるのではなくて、「大変だったね」とサポートしなくてはいけませんよね。責めるのは間違っていると思いますが。

柳　現象としては「いじめ」に近いのでしょうが、「いじめ」られる主体である「私」というものが、十代、二十代、三十代の時とは変わっています。冒頭の「特別な目」の話に戻りますが、冷淡な好奇の目に曝された時の、見返し方を身に付けたというか、私もまた彼らを見て、観察するという、周縁へと追いやられた時の「孤立」の仕方を学んだんですね。でもそれには三十年を要しましたし、ツイッターのメンションで大量に送られてくる私の国籍に関する差別発言は、あまりにもひどい内容で見るに堪えないので、いまはスタッフに任せて見ないようにしています。

私の最新作は『自殺の国』（河出書房新社）という十五歳の少女を主人公にした小説です。少女は学校と家庭で「孤立」し、インターネットの自殺志願者たちとやりとりするようになり――、というストーリーなんですが、事前に取材というか、十五歳の女の子達とカラオケに行き、その後かなり長時間話を聞いたんですね。彼女達は「ひとり」になることを何よりも恐れています。「イツメン」という言葉があるんですよ。

生野　「イツメン」？

柳　「いつも一緒のメンバー」の略です。従来の仲良しグループよりも同調圧力が強い気がします。山折哲雄さんは、女子短期大学の学長として生徒達とお話をされて、「例外なく『ひとり』になるのを嫌がっていた。『何人くらいがいいの』って訊くと『三人くらいが一番いい』と言う。五人、十人でグループを作って何かをやるのも厭なんですね。『ひとり』でいることが厭、三人くらいで居たい。そのくらいが一番わがままを言い合えるからねと言うんです」と仰っておられましたが、「イツメン」は偶数が鉄則のようです。

教室内での休み時間はもちろんのこと、トイレに行く時も、音楽室や体育館に移動する時も、放課後カラオケやファーストフード店に行く時も、「イツメン」で行くそうなんですが、学校の廊下や外の歩道で二人しか並べない狭い所だと、奇数の場合、一人になってしまう。風邪などで、「イツメン」の中で一人だけ学校を休むと不安だと言うんですね。悪口を言われているかもしれないと。たとえば「イツメン」の他の三人が井の頭線で、自分一人が千代田線だったりすると、悪口を言われているんじゃないかと気が気ではない。お揃いのシュシュ（髪飾り）を付けられなくなるからショートカット禁止だとか、違うグループの子とはあまり口をきいてはいけないとか、校則よりも厳しい掟でお互いを縛り合って、常に「ハブられる」（仲間はずれにされる）のではないかと怯える「イツメン」は、「いつも一緒でなければいけないメンバー」なのです。「いじめ」が起きる要因の一つに同調圧力による緊張状態があると思いますね。

生野　山折さんとも話のテーマになったんですが、いまの日本人はなかなか本当の意味での「ひとり」になれない。つまり、周囲との関係を内在化して「内なる繋がり」を確信できるようになると、周囲から支えられているということも実感できるようになり、はじめて安心して「ひとり」という構えをとることができるのだけれど、日本の国というのは繋がりをすごく重んずる風土だから、しばしば繋がりが強制されたりする。だから、内的な意味での「ひとり」を確立する以前に、まずは外見的な繋がりをたくさん作らねばいけないような焦りが生まれたりしますよね。その時点で、「ひとり」という意味が変わってしまって、「ひとりぼっち」というネガティブな意味になってしまう。「ひとりぼっち」って、「ひとり」とはまったく違って、皆から落ちこぼれることで自分の内的世界までがらんどうになってしまうような感じがあるのですね。

「ひとり」が充実感だとすれば、「ひとりぼっち」は空洞感ですね。だから、「ひとりぼっち」を避けるためには、心への他人の侵入を許す、他人に心の場所を明け渡す、みたいな感覚が出てくる。

つまり、乗っ取られ感ですね。だから、誰しも繋がりたい気持ちはあるんだけれども、でも本当に繋がるのは結構重いし不安だと思うんです。結局、「軽く繋がっとこ」みたいなところで落ち着きますね。

柳　繋がるのも怖いし、切れるのも怖いんですね。みんなプロフやLINEやツイッターなどのSNSをやっているんですが、「イツメン」には内緒にしていたりするんです。バイト先やネットだけの付き合いの人とやりとりしている。「イツメン」には、家族のことやカレシのことなどは話さず、内心や本音は細心の注意を払って隠している。秘密を打ち明け合って、共有して、関係を深めて行くというのではなくて、シャッターを下ろしているんです。

カラオケにしても、私達の世代は自分の好きな歌を入れて順番が回ってきたら一人で歌うというスタイルでしたが、今の十五歳はみんなで歌うんですよ。

鈴木　カラオケって一人で歌うんじゃないんですか？

柳　GReeeeNとかファンモン（FUNKY　MONKY　BABYS）などみんなで盛り上がれる歌ばかり選んで、Aメロ、Bメロでマイクを回していき、サビはみんなで合唱するのです。調子に乗ってちょっとうまく歌ってしまったりした直後はわざと音程を外したりして下手に歌うんです。凄まじい気の使いようだなと思いましたね。

鈴木　会社で社員が社長さんよりいいスコアを出さないというのと同じですね。

親の期待が実感できない子ども達

柳　高校に入学したばかりの彼女達に、将来の希望を訊ねました。彼女達が通っているのは、大学進学率の低い高校です。公立高校の受験に失敗して滑り止めの私立に行かざるを得なくなり、親には余計な出費を掛けてしまった。そういう子たちが集まった高校だから、入学式はお通夜みたいだった。誰も喜んでいない。本当は中学時代のようにバスケットボール部やテニス部などの運動部に入りたいのだけれども、ユニホーム代が掛るうえに遠征代が掛かったりするので、帰宅部になるしかなかった。こんな高校を卒業しても大学には行けないし、専門学校なんて口が裂けても言えないから、やっぱりバイトをしてバイト先で知り合った男性と結婚するぐらいしか、道はないんじゃないか、と「イツメン」同士で語り合っているんです。

鈴木　何か切なくなりますね。

柳　私達の世代だと、親の過重な期待に押し潰される子どもや、過干渉や過保護な親がクローズアップされていましたが、いまのある一定以上の子ども達は、親に全く期待されていない、期待されていないから関心も持たれていない――。誰からも承認されていないという意識を小さい頃から抱かされてしまっている子どもが増えているということだと思います。

生野　そうですね。私達の時代だったら、たとえ親との繋がりが十分でなくても、親友というものがいて、深い繋がりを味わうことができました。親友とは価値や感覚を共有するから、自分の延長線上にある存在として繋がりあい、安心しながら「ひとり」という生き方を学んでいけたのだと思います。いまは財産を確保するようにいろいろなポートフォリオで繋がっている。それも深すぎると会わなければ切れちゃう危険性があるから、浅く広くつき合っているという面がすごくあるように思うんですよね。

外来で見ていると、メールやネットがそのツールなので、高熱を出して寝ていても手から携帯を離さない。離すと「ひとりぼっち地獄」に落ちていくみたいな恐怖感が湧いてくるらしいです。過剰服薬して救急車で運ばれても携帯を握ったりしています。携帯を持っているというより、携帯に縛られているという感じがしなくもない。

そして、若い女性では、男性との性的な関係も軽いつきあいの延長線上に入っているんです。男の子と繋がるにはこういうことをしなければ駄目なんだみたいな気持、ときにはメール交換みたいなものの延長線上にあったりするんですよね。こんな風潮、私は悔しいんですよ。結局、体だけでなく、心も傷つくんですよ。それで簡単に捨てられたりするから、大人とも繋がったり。そこにお金も入ってくる。じゃあこれで洋服でも買おうか、みたいなことと交換してしまうんですよね。「ひとりぼっち」になりたくないために、結局、自分自身までつぶしてしまう。これって大変な社会問題だと思うんです。

親の無関心と同期する「いじめ」

柳　テレビや雑誌は、十代の少女達の問題を取り上げる一方で、消費者として彼女達をターゲットにしている。もう二十年ほど前になりますが、ミニスカートにルーズソックス、ガングロに茶髪という格好をした女子高生「コギャル」が話題になりました。「コギャル」は死語になりましたが、「コギャル」とセットで流行った「援助交際」という言葉は廃れずに残り、出会い系サイトやＬＩＮＥなどのＳＮＳを介して蔓延しています。彼女達の性を買う大人の男達も問題ですが、根っこにあるのは、親のわが子に対する関心の薄さです。売春をした金でルイ・ヴィトンのバッグなど小遣いやバイト代では手が出ないものを買う。中・高校生の娘がそんな高価なものを持っていたら、普通の親は、どこでどうやって手に入れたか問い詰めるでしょう。でも、薄々おかしいなと気づいてはいても、見て見ぬ振りをするんですね。現実に直面したら対処しないといけない、対処するのは面倒臭いというわけです。それは結局、自由放任というのは建前で「姥捨」ならぬ「娘捨」だと思います。

今年（二〇一三年）の一月に「ＪＫリフレ」（女子高校生のリフレクソロジー）が一斉摘発されま

した。三十分五千円で、布団を敷いてあるだけの狭い個室で、男性客と抱き合う性風俗店です。写真を撮られたり、下着や唾液を売るというオプションもあります。保護された少女たちの年齢は低く、十代前半の子もいたそうです。親に何と言って夜間外出をしていたのかと警察で問われると、秋葉原のメイドカフェにバイトに行くと言って家を出た、と。彼女達の親は、自分の娘がメイドの衣装を着て「お帰りなさいませ、ご主人さま」などと言って金を稼ぐのを許していたわけです。考えてみれば、彼女達の母親の世代は二十年前の「コギャル」なんですね。親に関心を払われずスポイルされた「コギャル」が母親になり、わが子に関心を払わずスポイルする——。

生野 柳さんがお書きなった文章で、すごく印象的な部分がそこなんですよ。「子どもの価値が今ほど低く見積もられている時代は無いんじゃないか」とお書きになっていらっしゃいました。『自殺』(文春文庫)という本ですね。

柳 『自殺』は、一九九三年に神奈川県の高校で「放課後のレッスン」として逆説的な「自殺のすすめ」を行い、その講義と生徒とのやり取りを基に大幅に加筆した本です。

いまからちょうど二十年前、私は二十五歳でした。「一般的には、今どきの子どもは甘やかされて育ち、飽食の限りを尽くしていると非難されているようですが、私は戦後ひょっとすると有史以来最も子どもの価値が暴落し、粗末に扱われているのではないか思っています」と書きましたが、この二十年間、子どもの価値は暴落し続けています。

生野　私も外来で同じことを感じています。だから柳さんが書かれたこと、本当にそうだそうだと思ったんです。子どもを生んだって、こんなに手間ばかりかかって、何を自分にもたらしてくれるのか、昔のように家ってのがあるわけではなし、跡継ぎにするというわけではなし、大きくなって自分の面倒を見てくれるかどうかも分からない。結婚するまで長い間面倒をみても、自立の名のもとに「ハイさよなら」と家を出ていくだけだ。子どもが自分の人生にとってどんな意義があるのか疑念が湧いてきている。いままではそれに耐えうるのが母性愛だと説明されて来たんだけれど、そんなものもともとあるのかどうか分からないわけです。母親になるってことは、本能からスルスルと出てくるというようなものではなくて、迷って戦って、一線を乗り越えて行かねばならないものです。現代ではとくに、しんどいものです。

柳　私、実は一番好きな映画監督は小津安二郎なんです。ＤＶＤボックスで全作品をを持っているのは小津安二郎とテオ・アンゲロプロス（Theo Angelopoulos）の二人だけなので、繰り返し見ています。小津作品は、カメラアングルやシナリオも素晴らしいのですが、年代順に観ると、日本の家族の変容過程がよくわかります。

小津安二郎初のトーキー作品『一人息子』（一九三六年）の主人公は、夫を亡くして女手一つで息子を育て上げる母親です。家庭訪問で担任の教師に進学を勧められた母親は、どんなに苦労しても息子を進学させると決心します。母親は、将来は上京した息子が信州に戻ってきて楽をさせてくれる、それまでの辛抱だ、と自分に言い聞かせ働き続けます。ところが十数年後、東京の大学を出た息子は、低収入の夜学の教師になっている。そのことを田舎の母親に報告できず、さらに結婚して子どもが生まれたことも内緒にしている。そこへ息子の出世を信じている母親が上京してくる。母親は一人息子に「なあ、母やんはな、お前に隠してたけんど、田舎にゃ家はねえんだよ。父やんが残さっしゃった家も桑畑も、もうみんな売っちまって、母やんはお前には黙っていたけんど、いまじゃ工場の長屋に居るんだ」と言って、息子に激励の手紙とお金を残して失意のうちに田舎へ帰ります。ラストシーンでは、紡績工場の掃除婦として働いている母親の姿が映し出されます。息子の方は母の心に触れ、「俺もう一遍勉強するぞ。中等教員の検定でも取ってみよう。で、おっ母さんにもう一遍出て来てもらうんだ」と奮起するのです。

戦前までは、一人息子がいたら、いつかは郷里に戻ってきて老後の面倒は見てくれるという共通認識があったわけだけれども、現代の子育ては、見返りを求められない無償の行為ですからね。

生野　いまは、そういう認識ないですよね。映画の題材にはならないですよね。山田洋次監督がリメイクされた映画『東京家族』(二〇一三年)を見て、勝手に涙したんですが。ああこういう情景って久々だと思ったんです。小津監督の『東京物語』(一九五三年)もそうですけれど、そういう親子関係が本当になくなったんですよね。

それからさっき柳さんが仰いました、ルイ・ヴィトンが欲しいために風俗で働いてしまうという話ですが、実は親も欲しいんですよね、そういう時代だと思うのです。だから娘がルイ・ヴィトンをどうやって手に入れたかを考えるより、「ああ、いいわね」「私もルイ・ヴィビトンが欲しいわ」というふうに感じてしまう親御さんが増えてきているのではないかと思うんです。だから親自身の人生もある種非常に欲望っぽい人生で、またそうしないと他人様と横並びもできない。そして、その背景にはズドーンと欲望っぽい市場競争主義の社会がありますよね。その中で、親も子もアップアップしている。泳ぎきれないからもがくのだけれど、その浮輪がわりに「物」が必要だと思ってしまうんですね。

これからの子どもをどう育てていくかということはすごく大きな課題だと思うんですよね。時代のゆがみというか、ひずみというか、そのあたりから「いじめ」問題の悲鳴が出てきて、皆が考えざるをえないというか、時代になってきていると思うんです。虐待もそうですけれど。

学校を開放する──激務すぎる教師

柳　学校の一番の問題は閉鎖性だと思うのです。安倍政権は、第一次安倍政権でも提案された「道徳」の教科化を実現しようとしています。教科化には、検定制度による教科書、成績の数値評価、教員の免許制度の三点が必要で、前回は国が子どもの内面に踏み込むことに異論が出て実現が見送られました。子ども達の道徳心が低下しているのは、規範を示すべき教師や親や政治家やマスコミ関係者などの道徳心が低下しているからに他ならないわけですから、「道徳」を教科化したところで、「いじめ」や「体罰」は減らないと思います。問題は教育現場の構造そのものにあるのです。風通しをどうよくして行くかということが一番大事だと思うんです。

もう一つの大きな問題は、教師達に時間が無さ過ぎることです。激務にもかかわらず報酬は少ないし、生徒達からは軽んじられるし、保護者達からのクレームにも対処しなければならないということでは、優れた人材が集まるはずはありません。現状のままでは、教師、生徒、保護者、三者とも不満と不安と不信を抱き、教え育むとは名ばかりの息苦しいだけの窮屈な時間と空間を耐えなければならない。学校の開放と、教師の負担軽減を考えると、たとえば、現在は教師が兼任しているクラブ活動の顧問、あれを外部に委託することは不可能なのでしょうか。外部指導者に放課後の生徒を任せることができれば、教師達の時間にゆとりが生まれるし、生徒達の人間関係も外部の目からの方が、「この子いじめられているのではないか」とよく見える場合もあるだろうし、学校という組織を守るために問題を隠蔽しようという体質も改善できる。

どのようにして信頼できる外部指導者を選出するのかとか、報酬の予算を組むのが難しいとか色々あるとは思いますが、「いじめ」や「体罰」による犠牲者を続出させているわけですから、早急に窓を開いて風通しをよくする必要があると思います。

生野　本当にそうですね。海外の学校は外部委託をずいぶんやっていて、クラブ活動は地域のコーチがするのが当然になっている所も多いんですけれど、日本の学校はクラブ活動をある意味で特別視していて、根性を育てるとかいうことで、先生も燃えちゃうんですね。そこのところもうちょっと緩やかに考えるほうがいいですね。

柳　保護者としても、クラブ活動での子どもの様子が変だと気づいたとしても、顧問をしている教師がクラス担任だったりすると、「口を出したら内申評価がマイナスになるかもしれない」となかなか学校側に話し合いを持ちかけることができないという現実はあると思うのです。

クラブ活動で顧問の教師や上級生から体罰を受けた生徒が自殺してしまうという事件が起きると、なぜ、親はクラブ活動を休ませたり、退部させたりするなどして、学校側と話し合わなかったのだろうと思うわけですが、内申書、進学、子どもの将来を考えると、我慢させた方が良いのではと口を噤《つぐ》んでしまう保護者も少なくないと思います。

ですから生徒が、親でも、担任でもなく、誰にも知られず相談できる専門家が必要なのです。週に何度か学校を訪れるスクールカウンセラー、あれは他の生徒に見つからないように相談に行くのは至難の技です。誰かに見られて噂が広まってしまったら、さらに「いじめ」られたり、体罰を受けたりするのではないかと思うと、足が竦《すく》んでしまいます。

ＮＨＫニュースで知ったのですが、韓国でも「いじめ」が社会問題化していて、「いじめ」を受けた生徒が誰にも知られずメールで相談できるというシステムが新しく導入されたそうです。それは非常に有効だと思います。入学と同時に、生徒にSOS用のメールアドレスを渡す。生徒手帳にも記載をする。もう待ったなしだと思うんです。

鈴木　いいと思います、むしろシステムにされると学校が「いじめ」の有無を探る時間と手間が省けて、解決や対策に動けると思います。

生野　大阪の場合ですが、学校の近くに「となりカフェ」という場所を作っている高校があるのです。学校の門をくぐれない生徒でもカフェまでなら来られたりするわけです。子どもの居場所ですね。相談事がある生徒も、気軽に立ち寄ることができます。いわば、「学校の出店」ですよね。これってステキなアイディアでしょ。この学校の校長先生が、なんとか中途退学を防ぎたいと思って、生徒目線の柔軟な発想で作られたのです。地域の協力も得てね。

養老孟司さんとの出会いで子どもの世界が広がる

柳　私の息子は現在中学二年生なのですが、小学校の六年間はいわゆる「問題児」でした。よく「学級崩壊」のドキュメンタリーで授業中立ち歩く生徒の映像が流れますが、まさにあれで、じっと座っていることができない子だったんです。授業参観に行っても、息子だけ教室に居ないんですね。

もしや熱でも出して保健室に行ったのかと思いきや、担任の先生がすうっと寄って来て、「昼休み、裏山を登っていたようで、チャイムが鳴っても帰ってこないんですよ」と教えてくれるんです。山の中で一人軍隊ごっこの世界に入り込み、匍匐《ほふく》前進を続けて熱中症になって倒れていたとか、そういう子どもなので、クラスの中で一人だけ浮き上がっていましたね。

それが中学校に上がって変わってきたのは、昆虫に興味を持ち始めたんです。たまたま同じ町内に養老孟司さんがいらっしゃるんです。私は二年前まで「新潮ドキュメント賞」というノンフィクション賞の選考委員をやっていて、養老さんは同じ新潮社の「小林秀雄賞」の選考委員なんです。選考会が終了した後、両賞の受賞者を囲んで選考委員が食事をするんですが、その席で面識はありました。養老さんは解剖学者でありながら、昆虫(甲虫)の研究者でもあり、昆虫をテーマにした著書もあります。

私は息子に、養老さんの『養老孟司のデジタル昆虫図鑑』と『私の脳はなぜ虫が好きか?』と『バカの壁』という本を渡しました。そして、採集した昆虫の種類や、展翅や展足のやり方を教えてもらいたかったら、自分で電話をして一人で訪ねて行きなさい、と言いました。それから息子は養老さんのお宅に通うようになり、養老さんの箱根の別荘に招かれて、養老さんがラオスやインドネシアで採集してきた甲虫の標本作りを手伝うようになったのです。

養老さんが素晴らしいのは、海外で採集してきた珍しい甲虫を「今度来る時までに標本にして来てください」と息子に託し、「うまく出来たものは君にあげるよ」と仰ったことです。普通の大人は、失敗したものは君にあげるよと言いますが、うまくできたものをあげると言われれば、自分のものにしようと思って、細心の注意を払って標本にしますよね。それで、めきめきと上達して、養老さんから甲虫の標本をいただいて帰るようになりました。高価な顕微鏡も頂いたんですが、息子が「これ、高いですよね……」と尻込みをすると、「子どもは遠慮なんかするもんじゃない」と仰ったそうです。

養老孟司さんは、真の教育者だな、と思いました。

中学校では、息子は五歳の時からフルートを習っているので、吹奏楽部に入ったんですが、吹奏楽部は表向きは文科系なんですけれども、実情は体育会系なんですね。毎日ハードな練習があって帰宅は八時半、夏休みもほぼ毎日練習です。中学一年の一学期の終わりに風邪で十日ほど学校を休んで、部活も休まざるを得なくなったんです。そこで、吹奏楽部の部員と距離が生まれて行きづらくなってしまい、籍だけは置いている状態が続いたんですが、中学二年に上った時に正式に退部届を出しました。

挫折感や孤立感に苛まれ、不登校になるのではないかと心配したんですが、息子は昆虫だけではなく、植物のシダやスゲにものめりこみ、博物館の学芸員や大学の研究者に電話をしては面会を申し込み、採集した植物を持って会いに行くようになりました。

現在は、「日本甲虫学会」「ハネカクシ談話会」「福島昆虫ファウナ調査グループ」「神奈川昆虫談話会」「神奈川県植物誌調査会」「日本スゲの会」などたくさんのグループに所属し、学校が休みの日には採集会や研究会に参加するために茨城や栃木や福島などに一人で出掛けて行きます。博物館の標本づくりのボランティアもやっています。グループの仲間は、同世代は皆無で、六十歳代、七十歳代の年配の方も多いのですが、彼らと寝食を共にして色々な話を聴くのが楽しみでしようがないようです。

学校という機関は、同じ年に生まれ、同じ地域で育っている、ということだけで、子ども達を同じ時間と空間に押し込め、同じ教育を施しています。成人した大人に当て嵌めて（自分の身に置き換えて）考えてみれば解ると思いますが、余りにも雑駁で、余りにも無神経で、余りにも理不尽な括り方です。大人になるということは、そういう無神経さを自分の内に取り込んで、無神経さに対して不感症になっていくことに他ならず、無神経の権化になっている大人も少なくないですが、無神経さ、理不尽さに堪えられないのが子どもという存在です。子どもであれ、いや、子どもであるからこそ、ひとりひとりの興味や関心の方向は違うのです。

放課後の学校は開放し、クラブ活動の顧問を各界の専門家に任せた方がいいと思います。博物館の学芸員、科学者、医学者、スポーツ選手、小説家、劇作家、詩人、漫画家、画家、イラストレーター、アニメーター、プログラマー、映画監督、脚本家、テレビディレクター、演出家、俳優、茶道家、華道家、武道家——、外の世界と触れ合う機会を早い段階から与えれば、将来何をやりたいかはよくわからないけれど、みんなが行くから取りあえず高校に行く、親がいい大学に入らないと就職できないと言うから取りあえず受験勉強する、というような態度は改まり、自分で将来を選び取る子どもが増えるのではないでしょうか。

山岡　本当の教育ですよね。

柳　息子は成績は非常に悪いんですよ。私の母が「ワンツー、ワンツーってこんな成績見たことない」って驚くくらいで、つまり五段階評価の一と二が多いんですね。

私がいくら、この成績だと高校進学は難しいよ、せめて宿題ぐらいはやりなさいよ、と言っても聞かないんですけれども、「昆虫」と「植物」の学芸員や研究者の方に「君こっちの世界に来たいんだったら、いま勉強しないと無理だよ」と言われ、本人は東京農大農学部に進学したいそうなので、さすがに危機感をおぼえたらしく、中学二年から塾に通うようになりました。

生野　学校は親にとっても閉塞感があるじゃないですか。このトンネルを越えればまた見えるんだけれどみたいな閉塞感があって、発想が広がらない。だから「開かれた学校」にしようって、よく言われてきましたよね、でもいまのお話を聞いて、「子どもの世界にとっての開かれた学校」という視点が大事なんだって思いましたね。

間違いを間違いと言えない教師

柳　生徒と教師と保護者が自由にものが言える雰囲気に、と言うと、学校現場が滅茶苦茶になってしまうと思われるかもしれませんが、「自由」は好き勝手な言動をしても構わないという楽ちんで軽いものではありません。「自由」は重たいものです。「自由」はたった一人で担うものです。「自由」には責任が伴います。「自由」を守るためには規範が必要です。

この前の座談会で、山折哲雄さんが「禁止する言葉がほとんどなくなりました。『するな』『やるな』『嘘をつくな』というような言葉の使い方がなくなった。『Don't』ではなく『Let's』（なになにしましょう）でしょう』と仰っておられましたが、小学校の授業参観に行って驚いたんですが、手を挙げた生徒が間違った答えを言っても「それは間違いです」とは言わないんですね。「う〜ん、違う答えの人、手を挙げて」って、正解は別にあるということを匂わせるんです。間違っている、と言ったら、生徒や参観に来ている保護者が傷つくだろうという配慮からなんでしょうけれど、見当違いの配慮としか言いようがありません。

鈴木　それは学校の先生も親も同じではないでしょうか。間違っているのに間違っていると言わないことが、子どもを傷つけないと勘違いされていると思います。ご両親からの質問で多いもののひとつに、「それを言うと子どもを傷つけないでしょうか?」です。子どもがおこづかいで買えないようなヴィトンのバックを持っていても、詳細を聞かないのはそれも一因があると思います。わが子に関心がないわけではなく、「良い成績を取らせたい」「良い大学に行かせたい」という関心はあるけれど、ネガティブな面は見ないようにしていると感じます。事件が起こってから、親御さんは「気づいていましたが、怖くて言えませんでした」とよく仰います。

学校の先生にも同じような例がありました。小学校六年生の授業で、一つしか使えないバスケットボールをあるグループが独占しているという問題の解決方法を討論しました。いろいろな意見が出されましたが、最終的に担任の教師は「独占したグループに直接、注意してはいけない」とアドバイスしたのです。おかしいと思います。

柳　直接注意をしては禍根を残す、どうすればいいかみんなで話し合いましょう、というのが、教師の考える「正解」なんですよね。

山岡　時代とともに、人と人との信頼関係、どんどんどんどん薄くなっている。ですから先生も言えないし、親も叱れない、時代の流れがそっちの方向に向かっているような気がするんです。

感情的「知性」の大切さ

柳　中学校の最初の授業参観は国語で、他己紹介というのをやらせていました。隣の席の人を紹介し合うというものです。十分ほど「取材」の時間を与えていたんですが、三つの小学校から集まってきて、まだ間もない時です。たまたま同じ小学校の子だったら会話も弾むのですが、違う小学校の出身者の異性だったりすると、そっぽを向いて照れまくり、話をするどころではありません。しかも、他己紹介には制約があり、相手の良いところを見つけて褒めなければならない。マイナス評価だと受け取られるようなことは言ってはいけない。「A君は野球部に入ると言っているので、きっと野球が上手なんだと思います。野球が好きなA君です」、はい拍手、では、相手から聞き取った情報を組み立てて紹介するということにはなりません。「取材」を勉強するのだったら、まずA君と同じ小学校の生徒を探して、小学校時代のエピソードを聞き出す。そして、本人に真偽や背景を確認する。場合によっては摩擦や衝突が起こるかもしれませんが、なぜそこで摩擦や衝突が生じるのかを全員で議論すればよいと思うのです。

生野　そのお話は「いじめ」問題にも共通すると思うのですが、多くの「いじめ」られている子は、「いじめ」ている相手に好かれたいと思っているんですね。哀しいことに、どうすれば好かれるんだろうと、そればっかり考えているのです。もちろん、心の底には憎しみがあるんだけれど、いまはとにかく好かれたい、好かれる自分になりたい、そうすればすべてがうまく解決すると思っている。で、それが「いじめ」る側をますますつけあがらせて、「いじめ」られる側はどんどん自分を責めていく。そして「いじめ」の悪循環、支配・被支配関係が強まっていくんです。すべての場合ではないけれど、外来で聞くかぎりは、こういうケースが多い。だから、過去の「いじめられ体験」に苦しむ場合も、憎しみで苦しむより、自己卑下して苦しむのですね。治療者は、虐待の場合と同じく、まずは「あなたは悪くない」という話から始めねばならないことが多い。言い換えれば、そういう考え方をする他者優先的な子どもが「いじめ」られやすいともいえます。

それからいま仰ったように、人の欠点を言ってはいけないという教え方に偏ると、相手の悪いところをキチッと批判できないという、知らず知らずにそういうところに追いこんでしまっている面もありますね。日本人がディスカッション下手あるいはディスカッションを避けたがることの一因でもあるでしょう。

私がロンドンの医療チームに入っていた時のことですが、メンバーは仕事のことであれば相手の欠点もバンバン言う。それでも、そうして議論することが治療にとって不可欠なことだと合意しているから、感情的な問題にはならない。あくまでも論争として終始できるわけです。それに、論点が明確だから治療が速く進むし、若い治療者は考え方が磨かれて早く伸びていきます。そんな折り、一人のチームメイトが「日本人って、どうして同じ意見の人とチームを作ろうとするの。意見が違うからこそチームの意味があるんじゃないの」って、私に問いかけたのです。目からウロコでしたね。それで、帰国してから、ロンドンのようなハードな治療チームを作ろうと努力しましたが、やはり日本ではうまくいかないのです。日本人は、論争が続くと「あの人に嫌われた」とか「ソリが合わない」とか、感情的にもたなくなってしまう。つくづく、日本は温泉が似合う国だと思いましたね。だからホコホコとはするんですけどね。

柳　でもその反面、インターネットには罵詈雑言と誹謗中傷が溢れています。

生野　ほんと、そうですよね。反動なんですかね。

柳　嫉妬や憎悪や怒りなどの感情は人の心に在るものです。現実世界では出口を塞がれているから抑圧するしかないわけですが、抑圧すればするほど心の内で膨れ上がり、暴発します。日本社会では「感情的」というのが貶《けな》し言葉として使われますよね。学校でも、感情を排して冷静に話をすることが求められる。でも、実は、感情と無縁な思考などというものは存在しないし、感情と理性、感情と知性は対立するものではないと思うんです。マイナスの感情も含めて、自分の感情をはっきりと言葉にして伝えることは極めて重要です。感情を表し、その結果摩擦と衝突が生じたとしても、その原因を議論することによって突き止めることが出来れば、相手への理解に繋がります。他者への理解は、同意や共感から生まれる場合もありますが、反対や反感から生まれる場合もあるのです。

鈴木　仰るとおりです。心身症児の家庭には、本音を言わないで、まああといってしまう、表面平和そうな雰囲気の中で、ネガティブな面が病気として出てくる場合が多いと思います。

値段が価値をつくる時代

生野　さきほどの、若い女性の性的な行動の話に戻りますが、それに乗ってくるというか、利用する男性も非常に多いんです。年代を限らず、です。親から放り出されてお金を稼がねばならない女性もいますから、遊びでやっているわけではない。そんな子たちはすごく傷ついていて、自傷行為を繰り返したり、大量服薬したりするんです。ネットでトランキライザーを買って風俗の仕事に行く人もいるんです。そうしなければやってられないって。でも、平気で彼女たちを利用する相手の男を責めるってことは、ほとんどない。なんでそういう男たちに怒りを感じないのかって歯がゆくなる時もあるのですが、怒りも諦めも惨めさもすべて自分の心に埋め込んで、自分だけを責めるんです。少なくとも、外来に来るタイプはそうですね。

柳　性行為は、相手に承認されていると勘違いしやすいんですよね。親に期待や関心を寄せられていない孤独な子ほど、性行為による承認を求めてしまう。生きることに何の価値があるのか、生まれてきたのが間違いだったのかもしれない、という疑いと不安に苛まれている少女は、全身で求められ、必要とされ、与えれば相手が喜んでくれる性行為にしがみついてしまう――。

生野　そうですね。だから、怒るときは怒っていいんだって伝えると、ホッとした表情をして心を解放してくれることがありますね。それでもまだ、他人を責めるくらいなら、自分を責めているほうがずっとラクだという人もいます。とくに摂食障害の人では、珍しくありませんね。小さい頃から、そのような考えで育っていることが多く、「そうあるべきだ」呪文に縛り付けられている。また、そういう考え方でないと、自分は周囲に受け入れられないと思いこんでいる。それが、自分の生き方をジワジワと切り崩してきているということを知るのに、ずいぶん時間がかかるのです。まさに、日本的他者優先思考の象徴とも言えるでしょうね。哀しいくらい優しすぎるのです。

ただ、そうした反面で、まったく違ったタイプも外来で見かけます。たとえば、携帯電話で毎晩違う相手を見つけて、もうバイトみたいになっているんですよね。ですから承認ではなくて、今日はいくらだったというようなことで勘定している若い女性もいるんですよね。男は単なるお客だと、すでに世慣れた感覚になっている女性たちです。ただ、よく話を聞いてみると、やはりその背景には貧困や見捨てられ体験などの厳しい状況があるのですがね。

鈴木　はじめはどうであれ、もうそういうふうに変質してしまっている。

柳　お金があればいい、という価値観は、その子の価値観ではなくて、この国の大多数の大人の価値観ですよね。二〇一一年、東日本大震災の直後に原発事故が起きて、私はこの国の価値観が根底から揺さぶられ、大変革を余儀なくされるだろうと思ったんです。ところが、この国の大人たちは景気回復と経済成長のみを求めて、衆議院選挙で自民党を圧勝させ、安倍政権の経済戦略アベノミクスを評価して、参議院選挙でも自民党を圧勝させた。景気回復と経済成長のイメージは、おそらく薄らぼんやりと高度経済成長期とバブルの頃を思い描いているんでしょうが、近頃では再びマネーゲームが流行り出し、高級品が売れはじめているみたいですね。

日本の現実に目を向ければ、福島の原発事故の問題、沖縄の基地問題、過疎地の医療現場における医師・看護師不足、教育現場における「いじめ」や「体罰」の問題は、構造そのものの問題です。それらの構造を作り、維持してきたのは自民党にほかならないわけだけれども、景気と経済さえ上向けば、見ざる聞かざる言わざるを決め込んで現状維持をしようというわけでしょうか。

生野　現代は、お金に絡めとられて身動きできない状態ですよね。市場経済がオーバーフローして、市場社会になっている。日本でよく知られているハーバード大のマイケル・サンデル（Michael J Sandel）教授は著書『それをお金で買いますか』（早川書房）の中で「値段をつければ、価値が変わってしまうものがある」と言い、市場勝利主義の恐ろしさは、金銭亡者が増えることではなく、物事の価値が変わってしまうことだと言ってらっしゃる。たとえば、かつては卵子や内臓を売るなんて考えられなかった。アメリカの戦争だって、アメリカ人の兵隊より、金で雇った外人兵の方が多いんですよね。人の命を金で買っている、兵隊を金で買っているのですよね。大人が市場経済の中に埋没しているのだから子ども達がそうなっても無理がないのかもしれません。

ただ私達の年代では、若者を「怒れる存在」と認識していましたね、権力に抵抗する年代だと。それがいまは風化してしまった。表現するべき怒りまで消してしまうと、結局は自分の核心まで薄めてしまうことになる。勢いがなくなり、怒りの矛先がやがて自分に向くようになる。自傷行為が増えてきたというのも、無関係ではないように思いますね。

鈴木　学生運動はいま下火です。なんで消えてしまったんでしょうね。

生野　社会がそれをうまく摘み取ることに成功したんだと思います。いまは「いじめ」られている子の怒りも摘み取られている。自殺があって初めて社会問題になるなんて、こんな悲しいことはないですよ。個別的にはいろいろな状況があるので一般的な話になりますが、もっと、苦しいことは苦しいよと、納得できないことは納得できないよと、子どもが率直に表現できる場と相手と風土が必要だと思います。子どもが大人から見てあまりにも扱いやすい存在になってしまうと、私は、国自体が衰退するのではないかと考えているのです。子どもらしさが培われず、そこから伸びゆく自然な発達が阻害されかねないからです。

「いじめ」ている子のケアが大事

柳　繰り返しになりますが、「いじめ」は閉鎖的な組織で発生します。閉鎖的な組織の狭い人間関係の中で「いじめ」られて隅に追いやられると、そこから先の逃げ場は残されていないわけです。「いじめ」られている子は、一歩あとずさったり突き飛ばされたりすれば落ちてしまうほど隅に追いやられていると思うのですが、「いじめ」ている子も決して中心に居るわけではないのです。「いじめ」られている子と同様に居場所がなく、自分の足場を確保するために蹴落とす——。

訴えを起こすのは被害者側なので、学校側は被害者である生徒と保護者への対応を迫られるわけですが、最も大事なのは、加害者である生徒のカウンセリングだと思います。なぜ、「いじめ」るほど追い詰められているのか——、「家庭」もしくは「学校」の人間関係の中で何らかの心理的な圧迫があって「いじめ」を起こすのですから、「いじめ」たことを責めたり罰したりする前に、まず本人の話を丁寧に聞くことが重要だと思います。

山岡　柳さんの仰っていることはその通りです。今回の「いじめ」に関する座談会の根底にあったものは、こどもの「いじめ」の問題は実は大人の「いじめ」の問題と通底するのではないかという問題意識から発しています。おそらく親とか、会社とかでの問題が、形を変えて、こどもの「いじめ」に繋がっている。ですから「いじめ」られている子だけを扱っても本質ではない。

柳　息子が幼稚園に通っている時のことですが、セロテープ台を投げつけたり、お弁当のフォークで隣の子を刺したり、いきなり腕に噛み付いたりする男の子がいました。幼稚園の先生は、被害を受けた子の母親に平謝りに謝るわけですが、加害者である男の子は先生と母親に叱られるだけです。その男の子の母親は、私の地域では珍しく専業主婦ではなく会社勤めをされている方で、一歳になるかならないかの赤ちゃんがいて、見るからに大変そうでした。母親が切羽詰まっているから、その子は、構ってほしい、承認されたい、という渇望を全身で表していたのだと思います。必要なのは、被害児童とその保護者への謝罪よりも、加害児童とその保護者へのカウンセリングとサポートだと思うのです。

鈴木　「いじめ」ている側に「あなた方にはサポートが必要です」と言ってアプローチする。そうするとそこにはプロの支援が必要かもしれませんね。

生野　「いじめ」の中心人物に介入する技法が要るということですね。

柳　学校側は、「モンスターペアレント」を恐れて、非常に硬直しています。息子が通っていた小学校では、保護者は担任に電話をしてはいけない規則になっていました。何か問題や質問や連絡事項があったら、連絡帳に書いて、子どもに持たせて提出させるのです。

息子が小学校高学年の時、同級生数人に取り囲まれて投石され、うずくまって泣き出したところを顔を蹴られる、という暴力事件がありました。目撃した生徒も何人かいたし、ちょうど通りかかった教師もいて事件が発覚したのですが、学校側は被害者である息子と保護者である私、加害者である生徒たちとその保護者たちを別々に呼んで事情を説明しました。両者を突き合わせること、衝突を避けたんですね。私は事件のことを、もちろん加害者側が特定されないよう匿名にして、ツイッターに書きました。するとおそらく加害者側の母親の友人とおぼしき匿名アカウントから罵詈雑言のメンションをいただきました。

地元の中学校に進学したので、いまでも授業参観などで顔を合わせますが、お互い挨拶もしないし目も合わせません。話し合いを持たなかったことで禍根が残ったのです。「いじめ」られる子は一人、「いじめ」る子は複数ですから、事が公けになると、どうしても被害者側は加害者側に憎まれ、孤立するということになりがちです。「いじめ」られたことによって学校や地域社会で孤立し、悩み苦しんでいる生徒や保護者はたくさんいると思います。

生野　実は私の知人のお子さんで、小学低学年なのですが、その子が「いじめ」ていたんです。それで「いじめ」られている子が学校に行きにくくなったんです。「いじめ」た子はやさしい子なんだけれども、荒れているクラスの雰囲気にのみ込まれて「いじめ」ていたようですね。親御さんも、うちの子がまさかそんな、と思ったのだけれども、こんこんと言って聞かせたあと、「あなたこれからどうする」って聞いたら、「じゃあ、これから僕があの子を守る」って言ったらしい。それで本気になって守りはじめて、すごくその子の成長につながったんですって。

鈴木　その場合は、どうして「いじめ」行為をしていたんですかね。

生野　私が客観的に見ると親子のストレスがあったと思うの。両親もそれを認めていましたけれど。それと、クラスの雰囲気ですね。ただ、このケースで大事な点は、「いじめ」た子の親が、解決すべき問題は自分たちにあるということを適切に理解して、子どもと向かいあったということですね。そうした親の態度が、「いじめ」を解決しただけでなく、子どもを伸ばすチャンスにすることが出来たのです。

児童期の「いじめ」っぽい行為は、攻撃性の発達過程の一環として子どもに出てくるわけですから、そこの認識が非常に大切ですよね。その機を逃がさず、周囲の大人がしっかり教えたり寄り添ったりすること。そして、発達の曲がり角をうまく通過させること。それが、後々の「常軌から逸脱したいじめ行為」を予防する一番の方法なんですね。あなたはダメな子だと責めるのではなく、「いじめ」行為は誰にも内在するのだが、その対処法を各自が持たねばならないと教えることであり、まあ、大病を防ぐために小さい時に予防注射を打つのと同じですけど、まず大人のほうにその認識を広める必要があるでしょうね。

小学校中学年あたりからは、とくに女子の場合、仲間グループができてくる。グループの結びつきを強くするために、排除原理として「いじめ」がツールの一つになってきますね。これも発達過程の一つなんですが、いまどきは異常にエスカレートして「いじめ」自体が目的になる場合があります。こうなると別の視点が必要で、まさに、個別的な背景に注目して、サポートが大事になってきますね。

柳　「いじめ」られたから「いじめ」られる痛みがわかって、「いじめ」ないようになるというのは、きれいごとだと思いますね。私は小学校時代、「バイキン」というアダ名で呼ばれ、「バイキンが伝染るから」という理由で誰もフォークダンスで私の手をつながずエンガチョをされる、私が給食当番になるとクラス全員が給食をボイコットし、困り果てた担任教師が私だけ給食当番からはずす、校庭で大勢に取り囲まれ「脱がせ」コールを掛けられ、服を毟《むし》り取られて全裸にされるなど、過酷な「いじめ」を経験しました。クラスでもう一人「いじめ」られている女の子がいたんです。私が「ミリ」で、その子は「ケイコ」という名前だったから、ある日その子が近づいてきて、「ミーとケイ（ピンク・レディー）だね」って親しげに囁いたんですよ。私はその子の二の腕の辺りをぎゅうっと爪が喰い込むくらいつねって睨み付けました。「いじめ」られているということで連帯するなんて真っ平御免だと思ったんですね。

父はパチンコ屋、母はキャバレー勤めで、二人とも帰宅するのは明け方でしたから、小学校で受けた「いじめ」を相談することはできませんでした。学校から帰宅して大人不在の家で三人の弟妹の面倒をみるのは大変だったし、父や母も仕事の疲れを家で爆発させて、夫婦喧嘩は絶えなかったし、子どもに常軌を逸した折檻をしていましたしね。

小学校三、四年生の頃から小動物の虐待が止められなくなりました。生き物は全般的に大好きで、いまも猫やカエルや昆虫を飼っているんですが、当時の私は飼っていたカナリアを鳥カゴから掴み出して風呂桶の水に沈めて殺したり、のら猫の首を絞めて殺したり、手が勝手に動いてしまう感じでした。

いま振り返ると、受けた痛みが余りにも大きくて私には抱え切れなかったというか、痛みそのものが出口を求めていたのではないかと思うのですが、その時は訳がわからからなかった。自分の手にある鳥や猫の死体を目にして我に返り、呆然としましたが、しばらくすると、またやってしまうのです。中学に上がると、それが自殺衝動や自傷行為に変化したわけですが——。

鈴木　たとえばご自分が小動物を殺したりしたことを、むしろ隠さないで、「分かって分かって」と他人に分かるように表現されたのでしょうか、それともいけないことだと隠していたんでしょうか。

柳　十八歳で書くことを仕事に選んで二十七年になりますが、戯曲や小説の中に、現実の中では口が裂けても言えないようなことを紛れ込ませるのです。登場人物は、どんなに私に似ていたとしても、現実の私とイコールではない。現実には存在しない虚構の人物です。もし、書くことを仕事に選んでいなかったら、発狂していたか、自殺していたと思います。

「いじめ」る側の子の心の叫びを聞く

生野　外来で聞く話にも、小動物やペットをいじめたってのが割とあるんです。ただ、それが経済的な問題や、不遇な環境みたいに避けようがなかった状況とは違って「自分がやった」という出来事にあたるので、より大きなトラウマになるんですね。

山岡　「いじめ」というのは、一つの心の叫びですよね。「いじめ」る側の子どもの叫びだということを、もう少しみんなが分かる必要がありますよね。

柳　「いじめ」は卑劣なことであるとか、「いじめ」を傍観することも「いじめ」に加担することになるとか、そんなことは子どもたちも解っているのです。そんな言葉を繰り返していても、「いじめ」を抑止することはできません。私が小動物を殺すことが止められなかった時のように、許されないことだと頭では解っているけれど、手が止められない。なぜ止められないのか自分でも訳が解らない。訳が解らない暴力衝動に自分が乗っ取られている状態です。

「いじめ」た子を出席停止や退学処分にしたところで、問題は解決しません。その子はこの世の中から消えて無くなるわけではありません。もっと追い詰められ、もっと隅に追いやられ、罰を受けたことを恨みながら大人になるわけです。

鈴木　万が一でも犯罪に走るかも知れない。

柳　「通り魔」となって無差別に人を殺すかもしれない。

山岡　延長線上の問題ですよね、だから非行少年が、なぜそうしなければならなかったかという問題の解決と「いじめ」の問題の解決は同じだと思うんですよ。

柳　「いじめ」た子に必要なのは、非難ではなく理解です。罰ではなく治療なのです。

生野　「いじめ」た子も、「いじめ」たことがトラウマになる。

鈴木　それはあります。後で苦しむのです。最近、米国からこのような研究論文が出されました。九～十六歳に四～六回、「いじめ」られたり、「いじめ」たりした経験がある一、四二〇人を対象に、その後、十九、二十一、二十四～二十六歳の時に面接をして精神状態を評価しました。ご存知のように、「いじめ」の被害者はいつのまにか加害者にもなってしまうという現象がありますよね。被害者は広場恐怖（agoraphobia）、不安障害、パニック障害が、加害者／被害者は広場恐怖、パニック障害、若年性うつ病、自殺行為（男性のみ）になる率が高く、加害者は反社会性人格障害の合併率が高かったと報告されています。

つまり、「いじめ」問題においては、被害者だけでなく、加害者もその後の人生の精神的な悪影響を受けることが示されています。だからいま仰ったように、「いじめ」られた子だけがカウンセリングが必要だというのではなくですね。「いじめ」た子も支援しなければいけないのです。

対症療法より原因療法を

山岡　結局対症療法、結果のほうばかりに力を入れるのではなくて、「いじめ」るほう、原因のほうに力を入れるのがこれからの課題ですね。

鈴木　そのやり方が、とってもいいと思うのは、これまでのやり方だと「いじめ」られた子が私に非があるのではないか、私が変わらなくてはならないのではないかと思ってしまうので、「いやあなたはいいから、いじめた子を呼ぶよ」といえば、「私はまともだったんだ、何も悪いことしてないんだ」ということになりますよね。

柳　「いじめ」られて自殺をした子の遺書に、「ごめんなさい」という言葉があることが多く、あまりの痛ましさに胸が塞がれます。最後の逃げ場として選ぶ「死」が、親を悲しませ傷つける取り返しのつかない行為だと知っているから、「ごめんなさい」と謝っているのです。

鈴木　本当にかわいそうですよね。死んでしまうと、残された家族は、本人や家族にも問題があったのではないかと自らを責めたりして、理不尽ですよね。

柳　学校における「いじめ」や「体罰」の対処の仕方で問題なのは、体罰の内容よりも、被害者である生徒が自殺した場合に、加害者である生徒や教師の処分が重くなる傾向にあることです。

表沙汰にならないだけで、もっと陰湿で酷い暴力行為が横行している学校もあるとは思うのですが、被害者が死なずに生に踏みとどまり、休学して精神科に通院したり転校したりする程度だったら加害者の処分が軽く済み、被害者が「遺書」に「いじめ」や「体罰」を受けたことを書いて自殺し、インターネットやマスコミなどで騒がれると加害者の処分が重くなるというのでは、被害者に、加害者側に制裁を加えるためには、「遺書」を書いて自殺するしかないと思わせてしまうのではないでしょうか。

鈴木　ほんとうですね。死ななければ問題にされなかった。

生野　行政の人たちも、「だって死んだんですから」って、言っているんですよね。そういう言い方はおかしい。ちょっと話が変わりますが、保護者が責任の一端を負うみたいな主張があったじゃないですか。保護者の責任をそれを法律化しようという地区もあるんですよね。

現代の子どもは家庭以上の影響を社会から直接的に受けて育っている。子育ては、社会状況や社会風潮と段差なしの、海抜ゼロ地帯で行われているのです。家庭が防波堤を作って子どもを悪影響から守るなんて不可能に近い時代です。それに、乳児期から保育所で育つ子どもも多いのです。それを、悪いことが起こったら保護者の責任だといわれても、って感じはありますね。それなら、社会全体からみて、家庭機能をどのように立て直していくか、あるいは、家庭サポートの仕方から検討しなければならない。たとえば幼児保育にしても、預かればいいというものではない。なのに、待機児童数の減少だけに目が向けられて、養育や教育機能のチェックが疎かになっている。これでは、いつか大きなツケが回ってくるような気がしてなりません。

「しごき」と「いじめ」の境界

山岡　「いじめ」の問題で一番難しい問題が、スポーツの世界で起きています。これは結局すべての「いじめ」に通ずることですが。親が叱ることも、学校の先生が叱ることも、スポーツの指導者が叱るのも、どこに「いじめ」と教育的指導との違いがあるか、そのあたり柳さんのお考えはいかがでしょうか。

柳　日本には、伝統的に『巨人の星』的な「しごき」や「喝」が美談となる風潮があるから、厄介ですよね。『甲子園が割れた日　松井秀喜5連続敬遠の真実』(中村計著　新潮社)というノンフィクションを読むと、野球部の指導者が、中学の三年間で松井選手を殴った回数を「千発ぐらいは、らくーにいってるでしょ」と自慢気に語っているのです。殴られるとたいていの選手は涙ぐむか俯くかするのに、松井だけは顔をパッと戻す。「それでこっちもムカーッときてね。3、4発で勘弁してやろうと思ったんですけど、5、6発になった。はははははは。これは殴りがいのあるやつが入ってきたなと思いましたよ」と悪びれもせずに、懐かしい思い出として語っているのです。

私と同じ歳の元プロ野球選手の桑田真澄さんは、毎日のように野球の練習で殴られ、殴られるのが嫌でグラウンドに行きたくなかったこともあったということや、（適度な水分補給は常識なのに）「練習中に水を飲むとバテる」と野球部の指導者が手洗い所の蛇口を針金で縛り、先輩たちに隠れて便器の水を飲んだこともあったという経験を語り、この三十年の間にスポーツ医学も道具も戦術も進化したにもかかわらず指導者だけが立ち遅れている、と「体罰」を正当化するスポーツ指導者に猛省を促しています。

「極限状態に追い詰めて成長させるために、と体罰を正当化する人がいるかもしれませんが、殴ってうまくなるなら誰もがプロ選手になれます。私は、体罰を受けなかった高校時代に一番成長しました。愛情の表れなら殴ってもよい、と言う人もいますが、私自身は体罰に愛を感じたことは一度もありません。伝わるかどうか分からない暴力より、指導者が教養を積んで伝えた方が確実です。体罰は子どもの自立を妨げ、成長の芽を摘みかねない」「絶対に仕返しをされないという上下関係の構図で起きるのが体罰です。監督が采配ミスをして選手に殴られますか？　スポーツで最も恥ずべき卑怯な行為です。殴られるのが嫌で、あるいは指導者や先輩が嫌いになり、野球を辞めた仲間を何人も見ました」と――。

野球やサッカーなどのスポーツ競技や、相撲や柔道や剣道などの武道の世界では「しごき」や「喝」という名のもとに、監督やコーチの「体罰」が許容され、「体罰」でしごかれた部員たちが上級生になると、新入部員に「喝」入れるためにリンチまがいの「しごき」をするということが罷り通っています。

同じ痛苦を与えても、痛苦を受け止める側は一人ひとり違います。こんなことではへこたれないという生徒もいれば、こんなことをされるぐらいだったら死んだほうがましだという生徒もいる。痛苦は、それを受けたその人自身のもので、本来他の人間が（スポーツ指導者や教師や親であっても）推し量ることはできないのです。

山岡　先日車を運転していてラジオで聞いたことです。昨年（二〇一二年）九月に全日本柔道連盟（全柔連）の女子国際強化選手が合宿中に監督から暴力をふるわれたことを連盟に訴えたそうです。けれども連盟からは誠実な対応がなかったので、業を煮やした女子選手達は、二週間前、今度はオリンピック選手を含む十五人が連名でオリンピック委員会（ＪＯＣ）の方に直訴しました。

監督コーチらは女子選手の体を竹刀を使って叩いたり、頭部に拳骨、顔面に平手打ちなどの暴行を加えたり、さらには「ブタ」、「死ね」などの暴言を吐いたり、怪我をしている選手を無理やり試合に出場させていたとのことです。

（編注：その後本件を重く見たオリンピック委員会が全柔連に再調査を要請したことにより。マスコミ、文部科学省、内閣府を巻き込む事態にまでには発展。その過程で助成金の不正使用、理事によるセクハラまでが明るみになり、本年八月会長、理事を総退陣させることになった）。

こういうことが起こったということが海外で話題になっている。女子というのは向こうでは非常に大事にされていて、かつ柔道というのは本来、「道」ですから人間を磨く一つの道なんですよ。それが指導者がそういうことをしていたということに驚いているそうです。ヨーロッパでは柔道に限らず、どの運動でも体罰がないというんですよ。そもそもヨーロッパには体罰がないのだそうです。文化の違いというのもあるかもしれないですね。

生野　向こうの教育というのは、子どもに教えるというより、子どもに考えさせることだと思っているじゃないですか。海外の教育現場はけっこう見たのですが、素晴らしいと思った授業は、たいてい、授業時間の三割くらいは教えて七割くらいは考えさせるという割合でしたね。本当になかなか答えを教えないですね。

日本の先生は答えを教えることが教育だと思っている。だから答えを示して、これを覚えなさいというような教育が多いですね。私も大学で教育に携わってきましたが、答えを教えない教育をするには、ともかく時間が要る。学生に考えさせ、論議させ、選ばせなければならない。シラバスをこなそうとすると、答えを教えないと進まない。しかし、それでは教科書以上のことを教えることはできない。ジレンマですね。「いじめ」や体罰の問題も、処遇などの答えを出そうとしますが、それよりも、そうした問題がどういう状況で進行しているのかなどについて検討する場を、どこに、どういう形でつくるかが大事だと思います。たとえば、学校で教職員と子どもとの会議をつくるとか、学校協議会の活動を広げて直接的に子どもの声を聞けるような方策を導入するとかも一策ではないでしょうか。

私の経験からですが、海外のある病院では治療者のケースカンファレンスには、入院児の意見が反映されるようになっていて、会議と同時進行で、子どもの意見を世話係が会議に運んでくるようになっていました。相手が子どもであっても、まずは当事者との協議が必要だという姿勢が、徹底しているのですね。斬新なシステムですが、子ども尊重というよりも、実は子どもの意見を参考にするほうが解決が早いのです。このようなシステムをどう作っていくかが大事ではないでしょうか。

柳　「体罰」によって生徒が「自殺」した事件では、これまでは同じように殴っても誰も自殺などしなかったし、殴った生徒は発奮して頑張ってくれたので有効な指導方法だと思っていたというのが、加害者である運動部顧問の教師の本音なのでしょうが、桑田真澄さんの仰る通り、強い立場にある指導者や教員や上級生が、仕返しをすることも逃げることもできない弱い立場の生徒に暴力を振るうのは「卑怯」以外のなにものでもありません。

山岡　昔の軍隊でもやっぱりそうだったようですね。悪いことがなくても喝をいれていく。それで受けた人がありがとうと言うんです。

柳　自衛官の幹部を父に持つ知人に話を聞いたのですが、自衛隊でも陸自と海自は戦前の日本軍の体質が色濃く残り、鉄拳制裁のような「しごき」が横行しているそうです。自衛隊員の自殺は年間百人を越えているという内部告発もありましたし、自衛隊内の凄惨な「いじめ」も跡を絶ちません。記憶に新しいところでは、二〇一一年九月に起きた、北海道旭川市の陸上自衛隊第二師団で、上官が集合時間に遅れた部下たちに罰として、尻を剥き出しにさせた上で人間ピラミッドを組ませて、余熱のあるアイロンを尻に押し当てた、という事件です。下着の上から洗濯挟みで股間を挟んで引っ張ったり、激辛のペッパーソースを付けたポテトチップスを無理に食べさせたりもしていたそうです。

それから禅の修行などにも言えます。ドイツ人の僧侶・ネルケ無方氏が『迷える僧侶の禅修行―ドイツ人住職が見た日本仏教』（新潮選書）という本で、禅寺修行を「軍隊よりもひどい、地獄だ」と告発していますね。テレビ映像などで流れるのは、警策を頭上に振り上げピシッと背中に打ち下ろす方法ですが、僧堂の雲水たちの間で流行っていたのは何度も同じ場所を狙って力任せに打ち下ろす「フルスイング」というやり方で、新人雲水の背中はたちまち紫色に腫れ上がり、皮膚が破けて衣から血が滲み出るそうです。皮膚が破れた背中を打ち続けるとケロイド状になるから、「バットスイング」なるやり方に切り替えられ、背中ではなく前方から野球のバットを振る要領で胸を打たれることもあるそうです。先輩雲水たちは警策を何本折ったかを競争し、一回の接心で百本以上折る僧堂もあるそうだから、開いた口が塞がりません。それだけではなく、庭で掃き掃除をしている新人雲水に、先輩雲水が「裸でムーンウォークをせぇ！」と命じ、言う通りにすると全裸の写真を撮られたり、草むしりをしていると「倒れるまでこの杉の木に頭をぶつけろ」と命じられ、木の幹に頭をぶつけた新人雲水が額を割って血まみれになったり――、ネルケ無方氏は日常的に行われる暴力行為を見てみぬふりをして「修行」を続ける自分に対して、「今、自分が日本でしていることは、昔のナチスドイツ時代の国民と全く一緒ではないか――」と疑問を感じて無力感に苛まれ、下山の決意を固めます。

僧侶は世襲が多い。実家の寺を継ぎたくはないけれども、継げば自分も家族も金に困ることはないし「一生、檀家に拝まれながら暮らせる」と渋々三年間の修行生活に入る若者が多いんですね。後輩が入るまでは先輩の「いじめ」に堪えて、後輩が入ったら徹底的に「いじめ」て鬱憤を晴らす――、という僧堂という組織の「いじめ」体質を抜本的に改善しない限り、「修行」など成就しないと私は思いますね。「修行」とは、悟りを求めて仏の教えを実践することであって、「いじめ」と両立するはずがありません。

心の闇に目を凝らす

柳　「いじめ」を行うのが卑怯なことだとして、その卑怯さは自らの内にも在るものだと認識することが「いじめ」問題を考える糸口になると思うのです。他者を「いじめ」る卑怯さは、生徒だけではなくて、親や教師の内にも潜んでいる、と——。自らの闇の部分にどれだけ目を凝らすかというのが「道徳」だと思うんです。広辞苑で「道徳」を引くと、「人のふみ行うべき道」「法律のような外面的強制力を伴うものでなく、個人の内面的な原理」とあります。誰しも内面的な原理は、善悪や正邪で色分けできない部分の方が多いのではないでしょうか。「いじめ」は悪いことです、人と仲良くするのは良いことです、戦争は悪いことです、平和は良いことです、と唱えたところで、理性も培われないし、感性も磨かれない。

山折さんも、「『ひとり』で生まれて『ひとり』で死んで行く、そういうものが見えない」と仰っておられますが、最近の流行歌にはネガティブな歌詞がないんですよね。二人で生きて行こうぜとか、手を繋いで歩いて行こうとか、寄り添って歩いて永久の愛を形にしてとか、歯が浮くようなラブソングが溢れている。日本人は闇の部分を見ることに長けている民族のはずなんですけれどもね。

鈴木　長調ではなくて短調の国民性ですよね。

柳　歌謡曲だって、七十年代ぐらいまでは信じられないほど暗い歌がヒットしていた。「アカシアの雨にうたれて」は六十年代のヒット曲ですが、「アカシアの雨にうたれて　このまま死んでしまいたい」で始まり、雨が止んだ青空に灰色の鳩が飛び立ち、自分はベンチの形隅で冷たくなっている、で終わる非常に暗い歌です。黒い縁取りの知らせ、喪服の私、暗い待合室、などという歌詞が散りばめられた「喝采」は、恋人の死を歌った七十年代のヒット曲ですよね。

鈴木　「陰」なもの悪いものがあって人間なんだけれど、そういう面を封じ込めようという、風潮がドンドン出てきていますね。

死者に関わり続けることで生まれる感性

柳　二〇一一年三月十一日に起きた東日本大震災で、東北の沿岸部の子どもたちは死に直面しました。遺体安置場となった学校の体育館で、行方不明の親兄弟を探し歩き、真っ黒に変色してしまった遺体や、体の一部しかない遺体を見た十代の子どももいます。あの時、死を全身で感じ取った子どもたちは、同じ国の、同じ時代を生きている被災しなかった地域の子どもたちとは、全く別の世界を生きたわけです。

生野　そこから生まれてくるものがあると思うんだけれど、大人社会がそれを適切に掬いあげられるかという問題がありますよね。

柳　東日本大震災、そして原発事故は、日本の大多数の人の中では、もう過ぎてしまった出来事なのですよね。

生野　むしろそれを早く無くそうとする風潮さえある。医療活動をしていると、そういう闇の部分をすごく見せられますね。

診察に来られる方々の様相も、時が経つに従って変わってきましたね。最初の頃は、強い衝撃と喪失感とで埋まっていましたが、やがて周囲からの脱落感や孤立感となり、いまでは個人差が出て、侘しさと無力感に襲われている人々が目立ちます。元気を出して復興に携わっている方々ももちろんいらっしゃいますが。

そうした状況で、いま活躍しているのはペット達なのです。家族や知人を失った人々の心を癒しています。でも、思うんですよね、ペットもいいけれど、なぜ人間がもっと関われないのかと。復興資金だって、あいまいな使い方をするくらいなら、もっとサポーターや相談員を導入できないのかなって。人々の心の傷の復興は、まだまだこれからなのですが、すでに子どもやお孫さんなど若い世代にも影響が及んでいて、やはり対応が急がれるのです。

ロンドンで診察していた時のことですが、ナチスの影響がいまだに世代を越えて家族に影響している数ケースに接して、驚いたことがありました。社会的出来事も、結局は個人的なものとして残っていく。そのことを踏まえて、やはり、人の心は人の心で丁寧に癒していかねばならないと思います。

柳　戦争を知っている世代と戦争を知らない世代では「平和」の意味や価値が違うように、あの大震災と原発事故を経験した子どもと経験しなかった子では、「生」と「死」の意味や価値が違ってくるのではないかと思っています。

福島の友人の兄夫婦が、相馬で亡くなったんです。三人の子どもがいます。震災当時、四歳だった長女と、三歳だった次女と、二歳だった長男です。お母さんは生まれつき足が悪く、膝に人工関節を入れていました。生前、「一度でいいから、子どもたちと一緒に駆けっこをして遊びたい」と言っていたそうです。

一家は相馬の海沿いの集落に住んでいました。三月十一日、あの大地震が起きます。大津波が来るとサイレンが鳴りました。お母さんは、子どもたちを安心させようと「お母さんと駆けっこをしよう」と笑いかけたそうです。家族で高台を目指して走ったけれど、お母さんは遅れてしまった。お父さんは、子どもたちを高台に避難させてから、「生きろ！」と叫んでお母さんを助けに戻り、三人の子どもたちの目の前で津波に呑まれたそうです。

三人の子どもは、亡くなったお父さんの（子どもがいない）弟夫妻が引き取って育てているんですが、震災後数カ月間は水を怖がり、雨や入浴を嫌がって泣いてばかりいたそうです。お母さんの遺体はすぐに見つかり、お父さんの遺体が見つかったのは半年が経ってからでした。弟夫妻は話し合って、三人の子どもを両親の遺体と対面させるという決断をしました。

今年の三月、その弟さんが我が家に泊まりに来ました。三日間、鎌倉の名所を案内して歩いたんですが、鎌倉に行くという話をすると、今年小学校に上がった長女が、大切にしている、母親を荼毘に付した時に焼け残った右脚の人工関節を差し出し、「ママも一緒に連れて行ってあげて」と言ったそうです。

この間、京都に家族旅行に出掛けたそうなんです。東山区にある三十三間堂を訪れた時、堂内十段五十列に並ぶ千体の千手観音立像を前にして、「パパとママに似たお顔の観音様が見つかるかもしれないよ」と育ての親である弟さんが言うと、長女は観音像一体一体の顔の中に亡き母親と父親の顔を探し始め、一時間経って、「パパに似てる」という観音像を見つけ出しました。弟さんは、時間が遅くなるし、下の二人の子もいるので、「あの観音様、ママに似てるんじゃない？」と適当に指差したものの、「違う。似てない」と彼女は探し続け、三時間経ってようやく、「ママに似てる」という観音像を見つけ出したということです。

小学一年生の彼女の感性は、余りにも大きな喪失、余りにも長い不在、という形で死者と関わり続けることから生まれたものだと思うんですね。

なぜ人を「いじめ」たり「体罰」を振るったりしてはいけないのか、という問いはそのまま、なぜ人を殺してはいけないのか、という問いに繋がります。目の前の一人の人を殺すだけではないのです。一人の人が存在するためには、父母、その祖父母、その父母、と膨大な人が居るわけです。そのほとんどが死者です。それこそ原始時代まで遡ったら、何千、何万という死者が繋いだ命が、目の前にいるその人なのです。その人を傷つけ、殺すということは、何千、何万という死者を傷つけ、殺すことになります。そんな空恐ろしいことができるのか、という問いですよね。教育において最も重要なのは、死と死者の存在を考えさせることなのではないでしょうか。そこを実感できなければ、「命の掛け替えのなさ」など解るはずがありません。

その小学一年生の女の子は、津波に呑まれて亡くなったお母さんとお父さんによって命を救われ、いまも守られているという実感を持っているから、死者と共にしっかりと生きているのです。すべての人が、何十年、何百年、何千年、何万年と信じられないような奇跡が連なって、いまを生きている——。

鈴木　奇跡ですよね。実は、私は山折先生との座談会で、お墓参りで自分の先祖の存在に気づかされることが「いじめ」の予防にも役立つと述べましたが、この柳さんのお話に通ずるように思います。

命の大切さを学ぶということは、死を学ぶということ

柳　私は南相馬市の小学校の授業を、何度か見学しました。小学校の前まで押し寄せた津波から逃れ、原発事故後は全国散り散りに避難をした子ども達です。三年生の授業でした。一人ひとり黒板の前に立って、メジャーで自分が生まれた時の身長を指し示して、「僕は身長何センチで生まれました。体重は何グラムでした。僕は初めての男の子だったので、お母さんもお父さんも、おじいちゃ

んもおばあちゃんもすごく喜びました」とか「すごく難産で、お母さんは二日間陣痛に苦しんで、顔の血管が切れたそうです」というように、家族に取材をして自分の生まれた時のことを発表するんです。担任の先生に「素晴らしい授業ですね」と感想を述べたら、津波で同じ集落でもたくさんの方が亡くなり、生きていることは当たり前ではなく、大変なことなんだということを子ども達は感じ取った。生まれたこと、いま生きていることに感謝できるような授業をしたい、と考えたということなんですね。教室の後ろで子どもの発表を聞いていた母親たちは、みんな泣いていました。

山岡　日本中でやるべきですね。生を大事にするためには、死を知ること。それを認めなければ生はありえないと私も言いたいですね。一般社会の中では死は忌み嫌うことになっている、これはまずいと思いますね。死というのは生と連続の中にあって、死があるから生があるですよね。人びとが病院で亡くなるようになってから、子どもが死を見なくなった。あるいは、だんだん死に近づいて行くおじいさん、おばあさんを見なくなる。これは死が非日常になった戦後の日本の子どものひとつの問題とされています。

柳　お年寄りは自宅ではなく病院で亡くなる、都会では生き物に触れる機会も少ない。死がバーチャルなものになると、必然的に生も希薄になります。

山岡　ゲームの世界では死者が生き返る。つぎつぎと湧いてくる。それだけで遊んでいた子どもは、おそらく友達を殺すといったことには、あんまり罪の意識は無くなってきますよね。

柳　二〇〇一年九月十一日にアメリカ同時多発テロが起きて、アメリカ軍は報復としてアフガニスタン紛争、イラク戦争を行いました。対テロ作戦の一環として実践配備され、イラク、アフガニスタン、パキスタン、イエメン、リビアなどで空爆を行っているのが、無人航空機です。文字通り航空機に搭載されているのは爆弾だけで、操縦士は乗っていません。アメリカ本国から遠隔操作するのですが、操作方法はまさにテレビゲームで、無人航空機にはプレデター（略奪者）、リーパー（死神）、アヴェンジャー（復讐者）など、命名した人の神経を疑わざるを得ないような名前まで付いています。攻撃の巻き添えとなったり、誤爆されたりして、子どもを含む民間人が何百人も死亡しているのですけれどもね。

「いかに死ぬか」が「いかに生きるか」に繋がる

山岡　日本の文化のなかには、武士道ということがありますよね、勿論みんな武士だったわけではありませんが、武士道には切腹があります。自殺の典型ですけれど、しかし決して切腹したからといって、それを「ああ自殺だ」と言う人はいませんよね。それは価値観と違いますよね。

生野　柳さんが、死から出発というか死を視野に入れた生というか、すごく強調されておられる、そこから柳さんの繊細なんだけれども骨太の生き方が浮き彫りにされて来るような感じを持つんですけれども。今度の震災のことでも、死を見た子どもたちの、死を含めた生を生きる可能性というものを、周囲が取り上げていく必要があると思うんです。私たち医療の場でどういうふうな形で取り込んで行けばよいとお思いですか。

柳　医療現場で働いている方は日々死に接していらっしゃいます。死だけではなく、死ぬまでは生きている患者さん一人ひとりの人生、病院で最期を看取る家族とも接しなければならないわけで、激務でもありますし、日々悩まれ、葛藤されていらっしゃることだろうと思います。その悩みや葛藤を、患者さんのプライバシーに差し支えない範囲で発信されてもよいのではないでしょうか。

生野　仰っしゃるとおり、この災害でたくさんの人が亡くなられたけれど、同じように病院では毎日たくさんの方が死亡されておられるし、それに対する物語が起こっているわけですよね。たくさんの死を見る場にいる者として、死を日常茶飯事の出来事として流さずに、しっかりメッセージとして出していくことが大事ですよね。医療は死を病院の中に吸収するだけでなく、倫理的な問題として理解し発信する役目がありますね。

柳さんが仰った清濁を合わせての人生、そういうふうな見方、そういうことが「いじめ」の解決にもなるし、すごく心に残ります。その道徳の時間をこれから作るとか言っているけれど、そのやり方ですよね。

柳　安倍政権は「道徳」の教科化を実現しようとしてます。「道徳」の授業の副読本としてよく使われているのは『泣いた赤おに』です。

人里離れた山の中に赤鬼が住んでいました。赤鬼は麓の村の人間達と仲良くなりたいと思っていましたが、見た目が鬼なので怖れられ、親しくなるきっかけを掴むことができませんでした。そこで、友達の青鬼が一芝居打つことを考えつきます。青鬼が村で大暴れをしているところに、赤鬼が現れ青鬼を殴ってやっつければ、人間達は赤鬼のことを味方だと認めて仲良くしてくれるだろうというのです。さっそく実行に移して、青鬼の計画通り、人間達は赤鬼の家を訪れるようになり、赤鬼はもう淋しさを感じなくなりました。そんなある日、赤鬼は青鬼が訪ねて来なくなったことに気づき、「どうしたのだろう。ぐあいがわるくているのかな」と見舞いに出掛けることにします。青鬼の家の戸は固くしまっていて、赤鬼に宛てた貼り紙がありました。「(前略)コノママ　キミト　ツキアイヲ　ツヅケテ　イケバ、ニンゲンハ、キミヲ　ウタガウ　コトガ　ナイトモ　カギリマセン。ウスキミワルク　オモワナイデモ　アリマセン。ソレデハ　マコトニ　ツマラナイ。ソウ　カンガエテ、ボクハ　コレカラ　タビニ　デル　コトニ　シマシタ。ナガイ　ナガイ　タビニ　ナルカモシレマセン。ケレドモ、ボクハ　イツデモ　キミヲ　ワスレマスマイ(後略)」と書いてあり、赤鬼は戸に手をかけて顔をおしつけ、泣く――、という物語です。

山の中の小さな集落で孤立する、という構図は、今年七月に山口県で起きた連続放火殺人事件を想起させます。五人を殺害して逮捕された六十三歳の男性は両親の介護をするために故郷の集落に戻り、両親を看取りました。二匹の犬を可愛がり、別の集落では高齢者のために「便利屋」をやっていて、「すごく優しい人」と評判が良かったと言います。ただ、地元集落では「言葉が違う（地元の方言がしゃべれない）」「行事に参加しない」などの理由で村八分状態で、二〇一一年一月には警察署を訪ねて「集落で孤立している」と相談するほど追い詰められていたのです。犯行後、男は山中に逃げて自殺を試みたと報道されていますが、男が家に貼り出した「つけびして、煙り喜ぶ　田舎者」という貼り紙の映像を見るたびに、私は青鬼の貼り紙を思い出しました。

男が暮らしていたのは十四人しか住人がいない限界集落です。人間が集まり、一つの集団、組織となれば必ず異質なものを差別したり排除したりします。異質なものが無かったら、僅かな差異でも見つけ出して「いじめ」に掛かります。集団で一人を「いじめ」ることによって、その集団の結束力が強くなるからです。「いじめ」は人間の根深いところに巣食っている病理のようなもので、その根を絶つことは難しい。

『泣いた赤おに』を「道徳」の教材にするのであれば、青鬼、赤鬼というのは集団、組織にとっての異質な存在のメタファーであって、外見が異なる者だとは限らない。原発事故後、福島の「警戒区域」から避難してきた転校生や、親から虐待を受けて児童福祉施設から通学している生徒や、朝鮮学校の生徒や、被差別部落出身の生徒だということも考えられる。是非とも、なぜ、青鬼が「コノママ　キミト　ツキアイヲ　ツヅケテ　イケバ、ニンゲンハ、キミヲ　ウタガウ　コトガ　ナイ

トモ　カギリマセン。ウスキミワルク　オモワナイデモ　アリマセン」という貼り紙を残していなくならなければならなかったのかを議論して欲しいですね。友情や、自己犠牲の話に持っていくと、「道徳」の教材にはなりません。

地域の人々から人生を学ぶ

生野　大阪の話なんですけれども、冬になると労務者さんが行き倒れにならないように注意したり、おじさん達の話を聞こうという「子ども夜回り」というのが荘保共子さん達の元で行われています。その夜回りの前には、子ども達の学習会が行われるのですが、昨年度は三池炭鉱の歴史がテーマで、小柳伸顕さんという方の連続講義でした。

鈴木　ホームレスの方のバックグランドには九州とか夕張とかの炭鉱で働いていた人が多いんですよね。

生野　ええ。私も初めて知ることが、そのお話の中にたくさんありました。たとえば、上野英信というルポライターが版画家の千田梅二と一緒に、炭抗を舞台にした版画と物語を出版しているんです。(『親と子の夜』未来社）もう絶版になっていますが。それらを資料にしての講義でした。子ども達と一緒に、私も講義に引き込まれていました。炭鉱というのは日本を支えてきた産業じゃないですか。私もびっくりしたんだけれども、女の人もたくさん坑内に入っていたのですね。坑道の中は熱いから、みんな裸なんですよ。夫婦で命綱を張って、男の人はツルハシで石炭を掘って行くんですよ。女の人は命綱で体を支えて掘った石炭や石を篭の中に全部入れていくのです。女の人は腰まき一枚、男の人は褌一丁なんですね、そうした資料を子どもに見せて、この絵を見てどう感じるかを聞くんです。

子ども達は、なんでブラジャーしてないんだろみたいなことを言いながらも、みんな真剣に聞くんですよね。自分自身が厳しい境遇にいる子ども達だから、講義の言葉が沁みこむんですね。小柳さんも、やはり、最後まで答えみたいなことは言わない。徹底的に子どもに考えさせ、話し合いをする。しかも、炭坑と社会、日本の産業との関連など高度な知識をきっちりと伝える教え方です。そのあとで夜回りに出かけていくわけです。これこそ本物の教育だと感動しましたね。

鈴木　炭鉱で働いていたのかもしれないおじさん達をですね。

生野　夜回りでは、子ども達は、野宿しているおじさん達の傍らにちゃんと座るんです。そして、「スミマセン、こんな深夜に声をかけてスミマセン」と声を掛けるんです。「おじさん寒くないですか、あったかいお握りや毛布がありますよ、いかかですか」と。で、それを断るおじさん達もいるんです。おじさん達にはプライドも遠慮もあるので、けっして強制しないようにと教えられているので、子ども達は「お邪魔しました」と言って、また次の所へ行くんです。そして、おじさん達の話に耳を傾ける。

大人が子どもに「働かないとああなるよ」とよく言うし、今の競争主義ってそうじゃないですか。しかし、ここの教育は決してそんな教育ではない。人間や社会のあり方を清濁あわせて丸ごと伝えようとする、スケールの大きな教育です

人には誰でも一遍の小説ほどの物語がある

柳　私は、どんな人でも一篇の小説になるくらいの物語は持っていると思うんです。中学生の息子に聞くと、授業でディベートをやっているというのですが、ディベートよりも、自分や自分の家族とは異なる世界で生きた人の話をじっくり聞くという時間を設けた方が、考える機会が生まれると思いますね。
最初に、「南相馬ひばりFM」という臨時災害放送局でパーソナリティを務めているということをお話ししましたが、一年半、聞き手に徹することによって聞く力が養われたように思うのです。息子の世代は、聞く力が欠乏しています。自分と同じ関心を持つ「仲間」の話は聞けるけれども、関心外の話というのは全く耳に入らない。「道徳」の授業の教科化など止めて、異なる環境で育った人、異なる世代の人の話を聞き、彼らと言葉のやり取りをするという機会を学校教育の場で設けられな

いかと思うのです。同じ地域の同じ年齢の同級生たちとディベートをし、討論の勝ち負けを競うよりも、「聞く」ことを学ぶ方が先決です。

生野　何が悪くて、何が良いかを教えるのではなくて、全体そのものを聞く耳というか、受け入れる感性を養う。そこから非常に微妙な判断が出てくるのじゃないでしょうか。

生野　相互教育はすごく大事で有効な方法ですよね。

山岡　私は患者さんが次々に入ってくると、この前の続きを読むという感じですね。その人が終わったら、また、次の人のこの前の続きを読む。一人ひとりの患者さん、別に患者さんでなくてもいいんですけれども、人というのは生きているだけで、小説になっているような気がします。それをいいとか悪いではなく、偉いとか偉くないとかいうのではなくて、唯単に話を聞くだけで、私自身の勉強になる。結局人間は自分の経験したことしか、絶対に分かりませんから。

特に患者さんを通してですが、その人の人生を聞く、そうするとその人の人生を生きたような気がします。それが大勢の人から、いろいろな生き方の多様性を学ぶことになる。それが診療をさせていただく者の役得とでもいいましょうか。

柳　話すことは、聞くことからしか始まらないと思うんです。聞く力は、人の話を聞くという経験を積んで行くことでしか養われません。

「自分の声」を聞く

生野　柳さんがどこかに「現代は言葉が力を持たない」とお書きになっていらっしゃったと思うんですが。それをいまのお話に合わせて考えると、聞く者がいない、聞いてもらえないというようなことに通じるのでしょうか。

柳　現代では、情報ばかりが洪水のように溢れています。耳を塞いでも、テレビをつけたり、インターネットに接続したりすれば、目の中に情報が押し寄せてくる。「知る」態勢を整えたり、心の準備をする間もなく、情報が自分の中に侵入して、自分が乗っ取られてしまうような感覚です。そうなるともう、自分の声というのが自分の耳に届かない。自分の声を聞くというのは、自分の声がどこから発せられているのか、自分がどこに居るのかを知るということでもあるのだけれど、情報に圧倒されて聞こえなくなっている。

生野　自分の声ね。すごい言葉ですね。

山岡　いま情報化社会の中で、かえって自分っていうのが無くなってくるんですよね。これがいい、あれがいい、こうして、ああしてと言っているうちに、じゃあ私って何なの。何をしたらいいのって。私は何だろうかと本当に分からなくなる。これおそらく皆さんがそういう体験を持っている時代ですね。

柳　十年ほど前に「自分探し」という言葉が話題になりましたね。若者が「自分探し」をするために海外に旅に出ることが流行り、二〇〇四年にはバックパッカーとしてイラクを旅行していた二十四歳の青年・香田証生君が、アルカイーダを名乗るグループによって公開処刑をされるという痛ましい事件が起きました。自分が見つからない、自分が解からない青少年はいまでもたくさんいると思います。どこに行っても、何をしても、自分は自分として居るわけですから、自分を見つけたかったら、自分を見詰めて、自分の声を聞くしかないわけです。

山岡　むしろ学校の道徳などよりそういうことが大切ですよね。自分を見つめる、どうしたら自分を見つめられるか。まず人の考え方、生き方を聞くところから始めるとかね。

鈴木　道徳の時間に、人間学をやったり、死について語ったり、正直に人間に関係するいろいろなものを取り上げるべきということですね。

山岡　子どもってすごく鋭いと思うんですよね。よく患者さんに言うんですが、子どもは大人が考えている以上に社会を見ている。見ないように蓋をしているんだけれども実は見ている。それも全部は見ていないから不慮の問題が起きる。むしろ隠さないで、悪い点、現実というのを、親なり、周りの大人が見せたほうがいい。そのほうが正常な発達、子どもが生きていく力を持てるんじゃないかと思います。

生野　これはいい、これは悪いという見せ方ではなくね。

山岡　価値観を入れてはいけない。

タブーに対する二枚舌

柳　教師による性犯罪も途切れることがありませんね。インターネットの出会い系サイトで未成年の少女とやりとりして買春をしたり、痴漢をしたり、盗撮をしたり、教え子に手を出すという教師もいますね。息子が小学校五年生の時に、担任の先生が通勤電車の中で女子高生に痴漢行為をして、現行犯で捕まって新聞に名前が出たという事件がありました。

鈴木　冤罪でなくて本当だったのですか。

柳　結局、逮捕されて以来、学校には現れずにそのまま退職されたわけですけれども。保護者への説明会では、電車で制服姿の女子高生を狙う常習犯だったことから、娘を持つ保護者はとにかく余罪を心配していましたね。つまり、教え子の誰かが被害に遭っているのではないか、と。

学校側は、その先生のことを禁句にしました。もちろん卒業アルバムの写真にも載っていません。まるで居なかった人のように扱われたのです。息子は、四年、五年と続けて担任だったし、とても真面目で熱心な先生だったんです。剣道の有段者でもあったし、作文なども一人ひとりに丁寧に感想を書いていました。先ほどお話しした通り、小学校時代の息子は典型的なADHD（注意欠陥・多動性障害）の症状が現れていて、教室の椅子にじっと座っていることができませんでした。一年から三年までの担任の先生は、ハサミやカッターナイフなどを扱わせるのは危ないということで息子の道具箱だけ教員机の中で管理をしたり、息子が机やロッカーに物をしまうことが出来ないので、「たけちゃんの物を拾ったひとは、この箱の中に入れてあげよう」と息子の机の横に「たけちゃんBOX」なるものを置くなどして対応し、個人面談では「たけちゃんみたいな子が普通学級でやっていくのは大変だと思うのです。お困りでしたら、専門機関を紹介しますよ」とか「投薬治療をすれば、かなり大人しくなるとは聞きます」などと言われました。

逮捕されたその先生は教壇の前を息子の指定席にして、いつも見ていてくれて、それでも習字の授業で窓の外から墨汁をぶちまけるということをしでかすと、放課後、私達と一緒に屋根の墨汁を流してくださったりして、とてもお世話になったのです。私は息子に「先生は間違いを犯したけれど、先生があなたにしてくれた全てのことが帳消しになるわけではない。間違いを犯す可能性は、誰にでもあるんだよ」と話していますが、学校ではその先生と同じ名前の町名や駅名まで禁句になったということです。

鈴木　日本にはそういうことありますよね。でもあんなに頑張っていた先生だから、きっと気の迷いとかで心の疲れであんなになったんだろうという取り扱いにならないのでしょうね。

柳　性的なことはタブーですね。

鈴木　これは日本だけでしょうか。他の国はどうですか。

生野　国によるでしょうが、むしろ外国の方が性的なことに関しては重視しています。それに当てはまることって多いですからね。

柳　「いじめ」も、男子だと性的なものに発展するじゃないですか。下着を脱がせたりマスターベーションをさせる様子を携帯電話で動画撮影し、それをクラスメイトにばらまくとか――、性が芽生える思春期に、強く抑圧すると暴走します。女子は性によって自分を傷つける方向に暴走しますが、男子は他人を傷つける――。日本の家庭では性の話題は完全にタブーです。学校教育の場で全てをオープンにすることはできないでしょうけれども、話し合う時間を持つ必要はあるのではないでしょうか。

鈴木　日本の学校は性教育の普及にいまだに抵抗する面があります。一方で雑誌などのマスコミはオープンで子どもの目や耳に入ります。この落差この大人社会の二枚舌って子ども達はどう受け止めるでしょうか。

立ち直りの経験こそ子ども達への励まし

生野　そこで最後に立直りについてです。外来はまさにサバイバーの集まりです。極限状態まで行っている若い人達、摂食障害にもそういう人多いんですけれどもね、でも、そんな状態を懸命に乗り越えると、そこからブルーミングというか、つぼみが膨らんで花が咲くみたいな変化が現われてきます。その時には、ものにはすごい活力がみなぎるんですよ、診察室にね。初診時には、こちらは、「よしよし、よく来られましたね」みたいな気持ちなんですが、回復して外来を卒業するときは、こちらから見上げるような気持ちになりますね。すごいなあって。その人の変化に感動します。

ところが、治療で良くなって社会に出てみると、苦労を克服したことを評価してくれる人が本当に少ない。むしろマイナス点だけを取り上げられて、克服後の成果をなかなか認めてもらえない。就職するにしても、そうですよね、人間的にすごいのに、学歴がないとか、それだけで断られてしまう。そこのギャップが問題ですね。

柳　学歴社会の弊害を説いているマスコミ業界の人からして、超高学歴ですからね。では、お宅の会社は中卒や高校中退や高卒の人を何人採用しているんですかと問えば、大手の新聞社や出版社やテレビ局では皆無でしょう。育児をしている女性の職場復帰の支援の必要性を説いている新聞社なんですが、知人の女性記者が産休・育休明けに社に戻ると、あからさまな左遷部署に追いやられたという話も聞きました。正論やきれい事を振りかざしている大人の二枚舌、欺瞞を、子どもたちは見抜いていますよね。

鈴木　子どもが一番分かっていると思います。いまの子どもは希望が持てないとか、生気がないとか言われているけれど、それを見てしまっていたら頑張れない。私たちの時代はもっと混沌としていましたけれど、経済を含めて社会が右肩上がりで、頑張ればいいことがあると思えていた。いまはちょっと難しいかなと思います。

生野　たとえ人が評価してくれないとしても、分かってくれなくても。自分としての誇りや志があれば問題ないのですが。現在では、自分で自分の評価するという方法を教えられていないので、他人が評価してくれないとクシュンとなってしまう。その辺りを含めて考えると「いじめ」の対処というのは現代人が子どもをどう育てていくのかという、やはり基本的な問題に行き着くのではないかと思います。

鈴木　先のお話の続きですが、挫折や病気を克服した人達の経験値が高いということを、社会全体でもっと認識することが必要ですよね。

居場所の無い人のために小説を書く

鈴木　今日のお話をうがっていて、柳さんすごくシャープで素敵でした、ご意見の一つ一つが、私の心に感動を呼び起こしてくれます。何からそれは得られたのでしょうか。もちろん元々の、才能や感性もあると思うんですけれど。

柳　書くことを仕事として選んだ十八歳の時から、インタビューなどで「誰のために書いているんですか?」と質問されると必ず、「居場所が無い人のために書いています」と答えてきました。それは、二十八年間、変わりません。

福島で原発事故が起きて、難民のように全国各地を転々としている人たちがいると知った時に、何かしないと嘘になるなと思いました。ボランティアという言葉を使うことには抵抗がありますが、自分の出来ることをしよう、務めを果たそう、と。自分の仕事は、書いて伝えることですが、その場に行って、見て、聞かないことには始まりません。話すことも、書くことも、聞くことからしか始まらないのです。とにかく聞いて、聞いて、聞いて、他人が語る人生（物語）を自分の中に引き入れることによって、この居場所の無い現実世界の中での存立の仕方が見えたような気がするんです。それはきっと、これから書く小説や戯曲の中に現れるんでしょうけれど、生と死と渡り合うために必要な意志と勇気を手にしたような気がします。

山岡　私いろいろな作家の方の本をほとんど読まないなんです。柳さんについても何にも知らなかったのですが、今日お会いして、「やっ、すごい人だな」と思いました。どこがすごいかと言うと、いろいろな「いじめ」を含め、いろいろな状況の中から、自分探しをして、そして諦めないで、「自分探し」をいまも続けていらっしゃるところが、すごい。それからおそらくすごくＩＱの高い方だと思いますが、それよりも人間的に優れた方だと思いました。

生野　私は割とよく本を読むので、柳さんとも今日初めてお会いしたような気がしないのですが、本当にお会いできてよかった、ありがたいなと思います。東北の人たちとの交流を私も続けたいと思っています。先ほどのペットの話ですが、ペットたちは理想的な「聞き手役割」を果たしているのです。私も診察の場で、皆さん方のお話にしっかりと耳を傾けていこうと思います。柳さんのＦＭがみなさんを力づけている、本当にそうだと思います。是非お体に気をつけてご活躍ください。

（二〇一三年四月十四日、於東京）

柳　美里（ユーミリ）

小説家、劇作家。作家デビュー以来芥川賞をはじめ数々の文学賞を受賞。また東日本大震災以後は南相馬臨時災害放送局「南相馬ひばり FM」にて放送番組「ふたりとひとり」のパーソナリティーを務め、被災地域の再生のための実践を続けている。

略歴（含む受賞歴）　1968 年茨城県土浦市生まれ。国籍は韓国。3 歳まで横浜市で育ち、父母の別居に伴い母と共に北鎌倉に転居。

1983 年横浜共立学園高等学校に進学するも、「いじめ」に会い 1 年で中退。「東京キッドブラザーズ」に最年少で入団。

1987 年には演劇ユニット「青春五月党」を旗揚げ。1988 年戯曲「水の中の友へ」発表。

1996 年「フルハウス」（文春文庫）で第 24 回泉鏡花賞、第 18 回野間文芸新人賞を受賞。翌 1997 年「家族シネマ」（講談社）で第 116 回芥川賞受賞。また同年本人が主演したドキュメンタリー「世界わが心の旅　祖父の幻のオリンピック～韓国～」（テレコムスタッフ）が第 14 回 ATP 賞を受賞している。

1999 年小説「ゴールドラッシュ」（新潮社）で第 3 回木山捷平賞。2000 年より 2002 年まで自伝小説「命」四部作「命」「魂」「生」「声」（いずれも小学館）で第 7 回編集者が選ぶ雑誌ジャーナリズム賞作品賞を受賞。2002 年より新潮ドキュメント賞選考委員就任。

2009 年には「ドキュメント『児童虐待』」を「G2」に発表、翌 2010 年には「ファミリーシークレット」（講談社）を上梓。2011 年 5 月には NHK スペシャルで「虐待カウンセリングー作家柳美里 500 日の記録」放送。

　現在も「La Valse de Miri」（公式サイト）、ツイッター「yu miri 0622」などを通してメッセージを発信し続けている。

〈小説〉　「水辺のゆりかご」（角川書店、1997 年）、「女学生の友」（文藝春秋、1999 年）、「石に泳ぐ魚」（新潮社、2002 年）、「8 月の果て」（新潮社、2004 年）、「雨と夢のあとに」（角川書店、2005 年）、「山手線内回り」（河出書房新社、2007 年）、「オンエア」（講談社、2009 年）、「自殺の国」（河出書房新社、2012 年）

〈随筆・ノンフィクション〉

「家族の標本」（朝日新聞社、1995 年）、「柳美里の『自殺』」（河出書房新社、1995 年）、「仮面の国」（新潮社、1998 年）、「言葉のレッスン」（朝日新聞社、1998 年）、「言葉は静かに踊る」（新潮社、2001 年）、「交換日記」（新潮社、2003 年）、「柳美里不幸全記録」（新潮社、2007 年）、「ピョンヤンの夏休み―わたしが見た『北朝鮮』」（講談社、2011 年）、対談集「沈黙より軽い言葉を発するなかれ」（創出版、2012 年）

第三章
いま医療にできること
「いじめ」のトラウマがもたらす心身の病い

発言
生野照子
山岡昌之
鈴木眞理

――今回、山折哲雄さんと柳美里さんにお越しいただき、お二人にそれぞれのご専門のお立場から「いじめ」問題の本質について突っ込んで教えて頂きました。問題点がかなり浮き彫りになったように思います。もう一つ、本書は帰結として「医療は何をすべきか、何ができるか」が重要なテーマです。本章では医療人としてのお立場から、前二章を踏まえてどのように「いじめ」を整理し、どう医療に取り込むべきか、また何を社会に提起していくべきかを、話し合っていただきたいと思います。

置き忘れられた「ひとり」ということの気高さ

生野　まず山折さんとのお話から入ります。山折さんが仰った「ひとり」という概念は、「いじめ」を考えるうえで、大変重要なキーワードだと思います。「ひとり」という足場を固めた生き方がきわめて大事なことなのに、いま置き忘れられている。表面的な繋がりで一時的に身を処そうとしている。若者から大人まで、大半がそうなってしまっている。その反省って大事ですよね。自分自身の核心を見つめ、育てる。それは「一人でいる」という状態像ではなくて、「わが人生」という意味の「ひとり」であり、精神的な構えをさしますね。

鈴木　変な誘いがあっても「ノー」といえる、「いじめ」ようと言われても断れる、そういう「ひとり」が大事ですね。

生野　「ひとり」になることはいまの若い人にとっては「恐れ」になっていますが、何らかの形で「ひとり」ということの意味を教えないといけないですよね。もちろん、いじめられても耐えなさいという意味ではなくてね。

鈴木　いまの人にとって「ひとり」でいるところを見られることは、自分の評価を落としてしまうという思いがあるんですよね。いまは「ひとり」でいると、ひどく貶しめられる、おかしいですよね。子どもたちは「ひとりぼっち」から語呂をとって「あいつ、ぼっちだから」とか言うんですよね。大人が「友達をいっぱい作りましょう」「友達がいっぱいいる人がいい人ですよ」というような刷り込みをしているからですよね。私達の時代は、一生に友達が一人いればいい、本当の友達というのはそんなものと言っていましたよね。

生野　だから現象的に「ひとりぼっち」でも、精神的には一人じゃないという「ひとり」を培っていけたのでしょうね。これは他者から支えられているという基本的な確信から出てくるもので、自分の人生にしっかり足場を置いている。だから、たとえ「ひとりぼっち状態」になっても怖くない。

鈴木　「ひとり」が確立されていれば、新しい環境の中でも隣の人とあまり不安なく適切に交流できるということですよね。また「ひとり」が確立されていれば、気に入らない、また気の合わない人とは深くつき合わないという選択もできるわけです。他人の顔色ばかり見ていると「ひとり」が確立できず、将来辛いことを学校や家族は本気で教えなくてはいけない。

「ひとり」も怖いし、近づくのも怖い

生野　過日の読売新聞に五十歳くらいの女性が、「自分は人づきあいが嫌いで、お付き合いが辛い、家で本を読んだりしているのが好きだけれど、こんな生き方をどう変えたらいいでしょうか」という人生相談がありました。回答者は野村総一郎氏（精神科医、防衛医科大学教授）でしたが、「それは全然構わない、ひとりの生き方を貫いてください」と書いていらした。五十歳になって、そういう思い込みに囚われて悩んでいる、他人とお付き合いしないと自分はダメだみたいなね、日本はそういう国なんだなと改めて思いましたね。

鈴木　老人ホームに行っても、「あの人は付き合いが悪いとか、あの人とは合わない、あの人は変わり者だ」とか、よく言われているんです。もう一人前の七十歳、八十歳の人は「ひとり」でいい。「わが道を行く」で「ひとり」でやっていればいい。人に合わせることなんてないんです。

生野　「いじめ」もそういう、繋がりが濃すぎる空間を背景にして出て来る。

山岡　だから近づくのも怖くなる。

鈴木　かといって「ひとり」も怖い。だからかりそめのグループになってしまうんですよね。

生野　山折さんと柳さんのお話を通して、そういう基本的なところから大人のほうの考え方を、変えていく、そしてそれを子ども達にも伝えていく、という課題が浮き彫りになってきましたね。

山岡　私は摂食障害の診療をしていていつも感じているのですが、「ひとり」でいられないというのは、やはり親に愛されたという感覚を持っていない患者さんに多く見られますので、そのことも考慮してほしいですね。

生野　たしかに、自分が存在することを他者から望まれ、共に生きていきたいと求められているという、存在することへの「基本的肯定感」は、まずは養育者から伝えられますよね。

「ひとり」を支えるのは宗教と家族

山岡　もう一つは宗教です。親に愛されなかったけれども神に会えた、まあ極端なことを言うと、そのどっちかがないと「ひとり」では居られない、というように私は感じています。

鈴木　私は「基本的肯定感」や自尊心をはぐくめるのは実の親だけとは思いません。家族に近い気持を持った誰かに愛されている、大切にされている存在なんだという感覚が自尊心になって自分を支えると思います。

山岡　その確信がないと「連れ」て歩くしかなくなる。親子関係の希薄さということが、世代間で進んで来ると、やはり「連れ」て歩かないといられないし、いくつなっても「ひとり」が怖くなってしまう。

生野　ということは家族が一つのキーワードということでしょうか。

山岡　それと山折さんも柳さんも色々な宗教の話をされていましたけれど、日本人っておそらく世界の民族の中では、宗教が少ない民族です。外国に行って自分の信仰について聞かれた時、無宗教だと答える日本人は多いと思うんです。そう答えるとおそらく外国の人達は危険人物だと言うんだそうですね。おそらく宗教がない人は危険人物なんです。だからそれくらい信仰は大きなことなんですよ。そういうことを山折さんは仰っていたように思います。

宗教学者から言えば、日本人のそういった宗教心の軽さが、ある意味での「いじめ」とか「連れ」なくては生きられないとかということに繋がってくる。「宗教心」「親子関係」、この両方がキーワードかなと私は思っています。でも、今回の震災の後は宗教者は頑張っていますよね。いろいろな宗教が宗派を越えて一緒になっています。

鈴木　もっと宣伝すればいいのにと思いますよね。

山岡　いままでおとなしかった仏教界も随分頑張っています。

鈴木　道徳の時間に、日本の伝統行事の宗教性というものを入れてもいいと思いますよね。山折さんとの座談会でも申し上げましたがお盆の意味とか、大文字の送り火にただ遊びに行こうと言うのではなくその意味を教えてほしいです。

生野　そうしたら、柳さんの「死者」の話にも繋がって行く。死の尊重は、言いかえれば「いのち」の大切さです。

ところで思い出したのですが、近ごろ、お母さんたちが子どもに地獄絵を見せるのが流行っているらしいですね。「悪いことをすれば罰を受けるのだよ」ということを上手く説明できなかったり、あるいは言って聞かしても効果がなかったりする場合、地獄絵を見せるらしい。ところが、非常に効果的だと。「親や先生の言いつけを守るようになった」などと聞きます。宗教的な理解などまったく抜きでしょうが。

私も、小さい時に見たのですが、鬼の怖さよりも、この世で生きていくことには、なんだか「一筋縄ではいかない難しさ」があるのだなあと感じ、子ども心にも怯えたことを覚えています。その次に同じ感覚に襲われたのは、小学五年生で「夜と霧」(Viktor E Frankl) を読んだ時でした。生きていくことの不合理や抵抗できない枠組みたいなことを漠然と感じ、不安に陥ったことでした。

で、いま考えると、生きることへの期待や有能感だけでなく、不安感を感じたこともよかったかなあと思うのです。人生を単線思考で考えるのではなく、裏と表という複線思考で考えるきっかけになったような気がしますね。いのちも「死と生」が表裏一体となって出来あがっているし、人間の「個と群れ」も表裏一体として不可欠。「安心と不安」もバランスがとれれば前進に貢献する。だから、道徳教育もこれまでのように「良いこと」だけを教えるのではなく、大きく発想転換して、子どもの想像力を信頼して、哲学性をもった内容にすべきかと思いますね。これから、日本が「熟した国」として世界で認められていくためにもね。

私たちの外来は、苦しみや悲しみを知っている子ども達、つまり、すでに心のトレーニングを始めている子どもが来る所だから深い話が通じやすい。私は相手が子どもであってもかなり難しい話を持ち出しますが、多くの場合、通じるんです。感性で理解するのか、あるいは、苦境が子どもなりの哲学性を編みだすのでしょうね。

作曲家の佐村河内　守（さむらごうちまもる、聴力を失いながらも交響曲第一番 hiroshima、シャコンヌなどを作曲）さんが、「闇が深ければ深いほど、祈りの灯火は強く輝く」と仰っていますが、そういう意味での深さを、これからの子ども達に伝えていきたいですね。

何万人もの奇跡（物語）が重なって「あなた」がいる

山岡　子ども達は、自分が日本人であることや自分の将来に自信が持てていない。それは結局、いま言われたような昔からの日本人の文化というものが伝承されていないからだと思うんです。文化の伝承には意味があるのにもかかわらず、それがなされず、どんどん消えてしまっています。それは教育の問題ですよね。

鈴木 家庭教育と同時に学校教育です。

生野 じゃあいわゆる愛国教育かというと、ちょっと違うと思いますけれどね。人間の原点教育が必要なのでは。日本だけを愛するということではない、かつての愛国教育に戻るのではないということを、ちゃんと踏まえる必要があるでしょうね。人としての原点を知るということは、世界各国に共通する人間としての自覚ですからね。

山岡 他者の可能性を知るというか認めるのが平和の素だと言われています。

生野 そうですね。そこをきっちり言っていかないとまた誤った解釈のされかたをする可能性もありますね。

山岡 なかなか難しい。紙一重の所があるし、誤解されやすい。だから文化を継承するのだということをはっきりさせておく。

鈴木 生野さんの愛国心のお話に関係して、愛国心とは軍国主義と明確に切り離されたものであること、優れた文化や技術をもつ国に生まれて誇りに思うこと、住んでいる地域と住む人を大切に思うこと、など、具体的に示したいですね。さらにこれまでの何万人かの奇跡が重なって、あなたがいるのだということを子どもたちに知ってもらいたいです。人類の起源はアフリカにあるようですから、世界中の人はみなＤＮＡで繋がっているのですね。

山岡　本当にそう思います。ＤＮＡが上の世代から半分ずつ半分ずつ伝わってきて、いまがある。やはり昔の人がそれぞれの個人の中に生きているんです。

鈴木　このことは子どもの教育だけではなく、医学教育の中にも、教育学教育の中にも入れて行かないといけない。

生野　ところで、摂食障害の診療は私たち三人とも力を入れてやっていますが、摂食障害の人に「いじめ」られ体験があると、自己評価の低下という形をとって、自己否定的な痩せ願望として発症したり、長期にわたる自傷や自殺企図、うつ症状になったりすることがありますね。「いじめ」や虐待のケースでは、本人がＳＯＳを出しにくいという傾向がみられますが、摂食障害の場合はその傾向が強いですね。周囲に心配や迷惑をかけるくらいなら、自分が我慢しようと考えるタイプが多い。そして、「いじめ」後遺症による自己評価の低下も様々な形で拡大してくるので、現在の対人関係まで難しくなってきたりする。そのあたりを、実際の臨床の場で解決しなくてはいけないと、ひしひしと感じているわけです。「いじめ」の被害は、その時だけでなく、長期経過をみる必要があることを一般の方々に十分理解していただきたい。

「いじめ」られている子より「いじめ」ている子のケアが大事

鈴木　山折さん、柳さんのお話をうかがって「いじめ」はなくなるどころか、人間の陰の部分として、人間の本質の中にあるのであって、それは人の年代を問わず、どの年代にも存在しているということが確認できたように思います。日本だけでなくどこの国にもあるのでしょうが、これまであまりに陽の部分の手当てばかりしてきたので、人間の陰の部分の出所がなくなってしまって、それが「いじめ」や「不登校」として出てきている。この陰の部分の取り扱いをどうするのかが重要な問題です。それには学校も地域の人にも参加してもらっていろいろな対応を考えるべきだし、特に道徳教育では「死」を扱うことが、家庭教育ではネガティブなことも隠さず本音で話合っていくことが求められているというような文脈ではないでしょうか。

柳さんがわれわれ医療者にとってとても核心的な重要な発言をされたように思います。医療は本質的に「人間は誰にでもネガティブなところがある」ということを前提にしているのであり、「いじめ」の場合も、善悪ではなく、ケアの対象として考えれば「いじめ」られている子より、「いじめ」ている子やその家族をよりフォローしなくてはいけないわけです。そのことを私たち医療者がもっと社会にアピールすべきだし、その実践を保証するシステムを作っていかなければいけないと思いました。

山岡　いままでマスコミあるいは新聞の論評の中で提案されてきていないのは、加害者あるいは加害者家族に対する医療という問題ですね。それにはまだ全然ふれられていません。具体的にどうするのか、皆さんはどう思われますか。

鈴木　柳さんも仰っていましたが、学校以外の所に「もしもし相談」みたいなものをもっとたくさん作るのはどうでしょうか。

山岡　でもそれは「いじめ」られたほうへの関わりですよね。

鈴木　それを「いじめ」られたほうだけにしないで、「いじめ」たほうにもアプローチしていく。「いじめ」るほうにも、悩みや迷いがあるのだから、学校の権限としてカウンセリングを受けてくださいという指示はできる。そこに、私たち医療者が入れるシステムがあればいいのではないでしょうか。半強制的に、自宅待機にするのではなくて、その相談室に親子で行って相談するというのがいいのではないでしょうか。

山岡　でもやっていないですよね。その子をたらい回しにしてしまっているくらいなものですよね。

鈴木　場合によっては警察に下駄を預けてしまっているというのが現実です。彼らをサポートする対象として捉えるというのが、これから求められるのではないでしょうか。

医療者からアピールする必要性

山岡 生野さん小児科医としてはどうでしょうか。

生野 被害者ケアは当然行われるでしょうから、今後、検討すべき点は「いじめ」る側への対応だと思います。加害者がなぜ「いじめ」るのかというところまで内省できていればそういうことをしないですむのだけれど、そこにはとても到達できないと思うんです。だから、「いじめ」が子どもの場合はスクール・カウンセラーとか学校の先生、大人の「いじめ」では、心理士や福祉士などの専門家や、地域の方々などが関わることになるでしょう。

私たち医療者としてするべきことは、治療で診る実態を基本にすえて、そうした観点に立つケアの必要性を、具体的に訴えねばなりませんね。

現在、「いじめ」事件に対して「第三者委員会」とかが作られています。そこでどういう議論がされているのかにも注意が必要ですね。

山岡 たぶん加害者に対するケアというところまでは、行っていないように思います。

生野 重点が置かれていないようですね。与野党で協議されている「いじめ対策法」でも、懲罰や責任の所在、組織設置などに論点が置かれているようです。だからその辺に対して、対策モデル案というかな、「いじめ」というより「いじめ」の根っこを見る目線というものを、「いじめ」や「自殺」などについての、これからの子どもたちへの提言みたいな形で医療がもっと発信しなくてはいけないんでしょうね。

鈴木 あと学校の中で道徳教育の時間帯に、「いじめ」行為をするのは異常で、それが出てくる背景には、「いじめ」ている子の心の悩みがあるのだから、「いじめ」行為は悪いけれど、やっている子そのものには手当てがいることを訴えていく。だから「いじめ」ている子には、何か心の問題がありそうだから手を貸すべきだと言うことはできますよね。

生野 どういう順序で、広めていくかですよね。

鈴木 やはり、マスコミですね。新聞には論壇とか識者が書く欄があるじゃないですか。ああいうところにどんどん発信していくことが必要じゃないでしょうか。

生野 それも個人で出すよりも「医療いじめ対策会議」「いじめを考える医療者の会」みたいな組織を作って、検討し、発言していくほうがよいかもしれません。

鈴木さんが仰ったように、摂食障害などで「いじめ」が原因というのは多々あるわけですよ。ストレス病の中にもたくさんある。だから心療内科医が提言しても不思議ではない。ただ、具体策を進めるには、「いじめ」られた人がみな心身の症状を出すわけではないし、「いじめ」た人がみな問題があるというわけでもないという点が難しい。「いじめ」の質や程度なども加味して、どう線引きするかがやはり大きな課題になるでしょうね。

鈴木 でも「いじめ」ている側の手当てが必要だという視点が欠けているというのなら、心身医学会か心療内科学会が中心になって色々な分野に宣伝していかないといけないですよね。

チェックリスト、マニュアルはたくさんあるけれど

生野 加害者にも手当てが必要であり、それが姑息的でなく、根治的な解決に繋がるんだということだと思いますが、提言だけでは弱いんですね。

鈴木 実行してゆくシステムですよね。

生野 何か具体案が必要です。

鈴木 言いっ放しでは駄目ですよね。

生野 つまり概念の提案に加えてシステムの提案が必要です。

山岡 そうですよね。システムがないと続かない、発展しないですよね。でもシステムを創るのは基本的には政治家や行政の役割のような気がします。

鈴木 「いじめ」ている人にどう介入して、何をするかというようなモデルはあるんでしょうか。それ探さないといけないですね。

生野　「いじめ」られている子どもに関しては、早期発見チェックリストとか、「いじめ」にどう対応するかという冊子を、多くの教育委員会が出しているんです。私もかなり読みましたが、内容はだいたい似たりよったりです。もちろん加害者への対応についても書いてあるので、無いわけではない。ただ十分に検証されたものではないので、ありきたりの提案に終わっていますね。その結果、おおかたが様子を見るに留まっていて、意欲的な方策が打ち出された様子はありません。

英書を散読すると、「Bullying：A Whole School Approach」（A Suckling, C Temple著）がよくできた本で、すでに2002年に英国から発刊されています。海外での企画はいつもながら子どもを主体にすえて、チャートや書き込みによる自己モニターや、生徒の共同作業などが楽しくできるように工夫されています。まあ、「乱暴者をやっつけよう」みたいなスタンスですが、参考になります。

ところで、日本では何か事が起こるとまじめに取り組むのですが、いっせいに突っ走るクセがありますね。「いじめ」でも、加害者になりやすい生徒を早く探し出して、「いじめ」の芽を摘むことが肝心だと、過剰反応を起こしている学校もあります。とくに、保護者のクレームや介入を「実は避けたい」と思っている学校は、「いじめ」を早期発見しようと焦っているのかもしれません。生徒のためなのか学校の保身策なのか分からない状況もみられます。たとえば、ある学校で男子が欠席したのですが、大人しい子だったので、担任は「いじめ」られたのではないかと心配になったとのこと。さっそく面談して「いじめられたのなら、誰がいじめたのか言いなさい」と詰問したんですって。しかしその子は、相手の子と直接話し合って解決したいと思っていたので、担任の問いには答えなかったのですが、担任は「あなたが言わなければ、他の子も「いじめ」られるかもしれない。あなたのせいでクラスが壊れるかも」と、まるで尋問のように問い詰め、その子はよけいに学校へ行けなくなったとのことです。熱心な取り組みでも、行きすぎると子どもの自主的な工夫を奪い、それこそ子ども社会での素朴なルールを破綻させかねないですね。

このような、「いじめ」対応の難しさを解決するには、先生方の個々の理解や感性を研いて、ケースバイケースでの判断力を上げること。そして、校内チームで取り組むシステムを作ることでしょうね。また、地域の人材も大いに利用すればいい。たとえば大阪の西成では、地域できわめて細やかな取り組みをする「わがまち子育てネット」があり、学校と一緒になって成果を上げています。「われわれでなんとかしなければ」という気持ちが一致しているのですね。

山岡　たとえば、国が道徳の時間を再開すると言われていますが、その基本的なところに「いじめ」対策的な部分として、柳さんが仰ったように、地域の経験者とか、お年寄りとか、いろんな人が授業に出るようにする。そういうことも「いじめ」の予防に、繋がって来るような気がします。

鈴木　小さい時から「死」を教える時間を持たせてもらう。

山岡　それは医療の側からできることですね。

生野　これって「自殺」の問題にも関係してくることです。

鈴木　「いじめ」ている子については、何が彼の心を潰しているかということを探す対応をしたり、「いじめ」行為を責めても、何らかのストレスや劣等感を抱いている本人のことを責めないというスタンスをもってもらう。

生野　すごく重要な点だと思うのです。もちろん、「いじめ」行為に対する反省や謝罪あるいは償いは必要であり教えねばなりませんが、そういう行為に走ってしまった子どもの背景にも目を遣ることは、とくに教育の場では忘れてはならないことでしょうね。「いじめ」がエスカレートする場合は、「非行」への対応と重なってきます。

鈴木　大人社会が正直なことを言っていかなくてはいけないということですよね。二枚舌の世間から脱却する。それとリスタートの人達、一辺不調になってしまった人達への理解と支援が大切ですよね。その人達をコーピングスキル値の上がっている人達として社会が受け取ることができるかということですよね。

格差社会が「いじめ」の原因か

山岡　ところで、近年の「いじめ」の背景として格差社会を挙げる意見がありますがその関連についてはどうでしょうか。たとえば、イギリスはよく格差社会といわれているじゃないですか。親の辿った道を繰り返すという、いまはどうなっているんですか。

鈴木 いまも同じです。親が大学に行っていない人の子はずっと行けないです。大学教育を受けられない階層の人が大学教授などになっているととても驚かれたりします。

生野 大分緩和はされているようですが、向こうの人は格差に慣れているというか。

山岡 逆に言えば、江戸時代の士農工商ではないけれど、それに不満は持たないかもしれませんね。

鈴木 不満はあるけれど、治まっています。士農工商と同じです。

山岡 それに不満な人は、同じ英語圏で言葉の障壁がないのでアメリカに行ってしまう。

鈴木 国から出ていかなければならないですよね。

山岡 でも日本人には出ていく先がない。

生野 いまは経済格差も両極化しているじゃないですか。その辺が問題になって来るかもしれませんね。

山岡 両極化と言っても、むしろ戦前のほうが両極だったと思うんですよ。もっともっと昔だったら。もっと格差があった。

生野 ただ多くが中間層という時代、バブルの時期があったじゃないですか。それと比較して考えると。

山岡　あれがむしろ奇跡的だったのじゃないですか。共産主義の発祥の地ロシア等に昔の美術が残っているのは、それ以前に格差社会があったから残っている。みんな平等だったら芸術・文化の発展はなかったのではないでしょうか。

生野　ええ。ただ、多くが中間層というのは、ほど良い状態でしたね。

山岡　それで良かったとは思うんです。だけどそれはむしろ奇跡かなと。人類の歴史は短いのですが、その中で世界中を探せば稀なことではなかったのではないでしょう。

「平等」は不平等

山岡　格差がいいなんて全然思わないんですけれど、だからと言って、その格差をただちに平等にすること自体は、必ずしも平等ではないという考えもある。私の恩師森亘先生（元東京大学総長、東京大学名誉教授、病理学者）が書いているんですけれど、「日本では、みんなが平等、あるいは平等でなければいけないというけれど、あれはどこかがおかしい」と。たとえば飛び級制度とかが昔はあったじゃないですか、今度また作ることになったようですが、優秀な子で、なぜこんな優しいことをみんなと一緒にやらなければいけないのか悩む人たちが、いまもたくさんいるんですね。海外では十三歳で大学を卒業したりしています。平等化と言うのは、その人その人にあった能力、あるいはいろいろな特性を引き出せるような社会システムのことで、そうなれば平等だと思うんですね。

生野 それはそれぞれの分野の中で優秀な人に特性に応じて飛び級をさせるということで、勉強できる人だけが上になるということとは、区別が必要ですね。それぞれの特性をきちっと認めることが大事で、勉強できないから駄目ということではない。全員が一緒にゴールすることはおかしいと思うので、一等賞、二等賞ってあってもいいと思うのですが、それが固定的な社会格差にならないようにしなくてはいけない。基本的にはそれぞれの分野が平等に評価されるという基盤が必要です。いま現存する格差社会というのはなにが得意であるかに関わらず、上は上、下は下というようなことがあるじゃないですか。それはよくない。

山岡 アメリカはアメリカンドリームなんて言われながらも、ものすごい格差ですよね。一%の大金持ちとほとんどの金のない人たちが大勢いる。それから見たらまだ日本のほうがかなり平等のような気がします。おそらく中国なども日本よりよほど大きい格差ができていると思います。ものすごい大金持ちがいるわけだから、格差がないわけがない。

言っていたらきりがないけれど、格差の問題というよりも、結局は人間の社会のあり方みたいなものについて語っているような気がするのです。理想ですね。理想がどこかというのは難しいのですけれど。柳さんではないけれど、引き籠もっていようがリスタートしようとしたら、自分の能力をちゃんと発揮できるという、やる気が出た人にはちゃんと戻れる社会が理想なのではないでしょうか。

しかしやる気のない人はどうしようもない。それをきれいごとで、逆差別というか、貧乏な人の方が偉いような、そういう風潮はまた問題です。お金持ちが偉いわけではないけれど、貧乏が偉いわけでもない。逆差別でかえって人に対して思いやりを持って生きていくという、人間の本来の特性みたいなものまでがガタガタしてきている。いま世界中がそうだと思いますが。

生野　いろいろ障害とか、環境要因とかあるけれど、それによって判断するのではなく、もともとの人間の原点を評価する、「人間として同じ」を出発点としなくてはいけないということですよね。

「多様性」を認める教育

山岡　あとの枝葉は多様性なのです。おそらくそれに気がつくまでには時間が必要だろうと思います。地域の人を呼んだりする中で、「ああ、あのおじいさんなにもしてないかと思ったけれど、いろいろな考えを持っているな」とか。柳さんの提案ではないけれど、地域から、始めていくというのはとても大事なことだと思います。特に小学校などでは。

生野　開かれた学校というのは、そういうことですよね。多様な意見が浸透しうる学校。教科教育だけではなくて、生活や社会をくるめての教育だと思うのですね。しかし、教育の現場がさまざまな点でがんじがらめにされている、ノルマを達成しなくてはいけないと余裕がなくなっているわけだけれど、ゆとり教育ではないけれど、子どもの成長になにが大事かを見極めて教育内容を再編成しなければと思うんですよね。

たとえば野菜のことを教えるにしても、知識よりも大事なのは生っているところを見せること。それを見たことがない子ってたくさんいる。でも「ちょっと畑に見にいきましょう」ってのは、簡単にできない。だから図版や映像ですませてしまう。すると、自然や大地との繋がりが感覚的に捉えることができなくなり、産業産物のような感覚になっていってしまう。人間や命を考えるときにも、やはり自然とのかねあいや比較ができなければ、私たちが本当に何を大事にしていけばよいのかなんて、分からないですよね。子どもに伝えることもできない。

それに、ダンゴムシを丸めた指先の感覚とか、草の笛の微妙な音色とか、そんな些細な感性が、人の命みたいな大きな「自然現象」を考えるときにも、どこか底辺にあるように思うのです。いくら時代が進んでも、宇宙に住んでいるかぎり自然から離れられないのに、私達って、すごいものを失っているんだって思います。

それと同じく、地域のおじさんやおばさんが何を考えてどう生活しているかを知ることも大事ですよね。理屈や理論よりも、大人になったらそっちのほうが大切になりますからね。私も、受験のために難しい数式などを懸命に覚えましたが、お年寄りに「この世のことは、この世で治まるんやで」と教えられた言葉でいままで支えられてきたようなものです。

鈴木　この話は極端な例とは思いますが、多様性を教える、に加えて、人は多面性を持っていること、問題の対処には多くの選択肢があることも教えてほしいと思います。太宰　治の『走れメロス』は道徳で扱われる小説だと思います。メロスが、人を信用できなくなった残虐な王と、親友を自分の身代わりにして故郷に帰って妹の結婚式を済ませて三日間で帰って来るという約束をします。約束を守ることで親友の命も信用も守り、王を改心させるというストーリーです。約束や信頼、がテーマですが、メロスが約束の時間までに帰り着かない場合も起こりえます。実際に、濁流や山賊に岐路を阻まれます。過労や事故で動けなくなったり、人間には弱い部分もあるので、途中で逃げ出したりする可能性もあるでしょう。授業で「メロスになりましょう」と教えるだけでなく、誰の心にもある弱さを肯定し、五日間と余裕のある約束をしても良かったのではないかという工夫も話し合ってもいいと思います。

「摂食障害」と「いじめ」

山岡　私は、摂食障害の診療をしながら「いじめ」について最近感じているのは、「いじめ」を受けた摂食障害患者には発達障害のケースが多いということです。普通の摂食障害患者の場合はあまり「いじめ」は関係ないのではないかというふうに思っています。

生野　私は普通の摂食障害の中にも「いじめ」を原因とするものが結構あると思っているのですが。

山岡　私の経験上では「いじめ」を受けた摂食障害のケースはそんなに多くはないです。「いじめ」を受けた経験について聞いて行くと、「いじめ」が激しかったケースは「発達障害」だったんだとあとで気づきました、

「いじめ」ということでは、「いじめ」られたことのない子はむしろいないわけで、私はその子が「いじめ」にあったからといって「いじめ」が原因だとは直線的には思いません。どの程度いまの病気と関係づけるかは「いじめ」の程度によるのではないかと思っています。激しい「いじめ」を受けている子は「発達障害」に多いと思っています。

生野　なるほど。いろいろな意見があったほうが良いので私の考えをお話しますが、「摂食障害」によくみられる特徴は「いい子」ということですよね。他人とうまく付き合おうとしすぎる傾向があると思うんです。「みんなの中に居る」ということを最大の信条にしている。

しかし聞いてみると、「身体的いじめ」とかそういうことではなくて、患者さん特有の非常に鋭い神経にグサっと刺さってくるような言葉、無神経な言葉と言ったほうがよいかもしれませんが、そ

れをたくさん受けていて、それをジィーっと我慢して、笑顔で応じているような子が多いですね。面接をしていくと、過去のことを実に良く覚えていますね。言語化できず根に持っていたから、カウンセリングするとすぐに出てきます。山岡さんの仰ることと共通するのだけれども、それをよく聞いてみるとやはり、「いじめ」なんですよ。本人は「いじめ」とは自覚していないことも多いのですが、心の中ではフツフツと煮えたぎっていたという場合も多い。それは本人が敏感すぎるためにそうなったのか、あるいは、傷つけていると知らずに喋っていた周囲が鈍感なのか、そこら辺はいろいろあると思うんですけれどね。本人は傷ついたと言わないから、周囲はますます不用心に傷つけるようになり、結果的に「いじめ」行為になっていくのでしょうね。

鈴木 それは摂食障害になる方の受け取り方の特徴ですね。サラーと流せない。相手を気分よくさせたり、相手に悪く思われたくない、人間関係でも理想を求めるがゆえに相手の言動を深読みし、元来心配性なので、物事を悪い方に受け取りがちです。結果として本人が嫌だなぁっと受け止めてしまって、抱えている人が病気になっています。

山岡 「いじめ」とはとっていないけれど、むしろ敏感になっている部分で反応している。PTSD（心的外傷後症候群）もそうですけれど、死に直結するようなことではなくても、PTSDになっている人たくさんいるじゃないですか。それは広義のPTSDとも言われています。いまのことも、狭義の「いじめ」には入らないけれど広義の「いじめ」に入ると思います。

生野　ほんと、その区別は重要ですね。親も言いたい放題言っていて、「そんなこと気にしていたの」みたいに、「そんなこと覚えてもいないわ」というようなことが良くあるじゃないですか。

山岡　「他の兄弟たちは全く気にしなかったのに」ということがありますね。

現実と理想との狭間で「虚し」く生きる子ども達

山岡　結局親から見捨てられるとか、嫌な子と言われることが怖くて、そこに信頼関係ができていないと思うんですよ。ですから言われた言葉に対して反発ができない。信頼関係ができていたら、「お母さん何を言っているの、私いやよ」とか言えるはずなんです。

生野　「よい子」というイメージに拘っているとか、あまりネガティブなことを言って、心配を掛けたり、機嫌を悪くさせたりしてはいけないとかもありますが、それらも基本的な信頼感と関連するんでしょうね。

鈴木　本音は不快で不安なのに、それを言動で出すと相手に嫌われると恐れ、自分でもそういう姿は嫌なので、平気な顔をしなければいけないと思い込んでいます。理想的な耐える自分と、もう耐えられないという現実のギャップから発病しています。相手に嫌がられるなどと心配しないで、泣いたり、文句を言うことができたりして、早くに自分のＳＯＳを出せれば発病を避けられると思います。

生野　そして友達にも同じような態度で接するようになる。

鈴木　「いいよ」って、ぜんぜん良くないのに言ったり、ぜんぜん大丈夫でないのに、「大丈夫」って言ったり無理しているのです。

生野　病理的には軽いといえば軽いんだけれど、日本にはそういう人が多いような気がします。気配り社会の構成員であり、神経症病理の予備員でもあるんですね。

山岡　柳さんが言っていたことと同じなんですか。グループで行動している子どもたちに増えている。

鈴木　あの子たちは虚しいと感じているのですね。

生野　それがネットで吹きだす場合もありますね。過日、自殺未遂した女の子の話ですが、普段言えないことをＳＮＳで吐き出していたら集中攻撃され、それが自殺を図ったきっかけだと言うんです。驚きますが、ネットやメールのトラブルで「死にたい」とか「消えてしまいたい」と言う子が増えてきましたね。「ネットを止めれば？」と言うと、ハッとした顔つきになって、「そんなこと考えたことがない」と。死ぬことは考えても、ネットを止めることは考えられないと言うのです。ネット依存が通常的になったということは、ネット世界はすでにリアル化してきているということです、心理的にね。これは今後の大きな課題ですね。この様子では、「ネットいじめ」はもっと大きな問題になっていくでしょうね。

また、出会い系サイトを介した付き合いも、いたって普通の若者がやっている。この子たちは、心の中にモヤモヤとある慢性的空虚感は、真剣に考える事象ではなく、「とりあえず処理したい」存在なのです。リアルとバーチャルの中間気分で軽く慰められたいという感じなのですね。しかし、その相手にも使い捨てられているのだということが分かってくると、更に空虚感が募ってくる。

「ネットいじめ」も出会い系も、やはり「ひとりぼっち恐怖症」と関係しています。「繋がりたいけれど、繋がれない症候群」です。

そうしたジレンマがストレス症状を起こし、心療内科などを訪れるようになる。ただ、そこではじめて治療者と出会う機会がくるので、治療者は問題を掘り下げたり、サポートしながら二者関係を深めたりする。まさに、リアルな関係を十二分に展開させることが役目です。

ストレスの大半は「いじめ」が原因

鈴木　はっきり言って、ストレスといわれているものの半分くらいは、本人にとっては「いじめ」である可能性がありますよね。学校だけでなく、職場、家庭の嫁姑、居住地区、ママ友といわれる母親のグループ、趣味の会、老人介護施設に至るまで、一定の関係のある人の集まりのなかのもめ事は「いじめ」の要素があります。驚くことに、範となってほしい人も「いじめ」行為を行うこと、さらに、「いじめ」行為は第三者から見えない形で巧妙に行われることも私たちは知っています。私自身も大学の医局で「いじめ」行為を見てきました。

山岡　「ストレスを受けています」ということはだいたい「いじめ」にあっているということです。それこそさっきと同じでＰＴＳＤってすべて言っていいのかの問題になってくるのですが。広義の「いじめ」と狭義の「いじめ」とはちょっと別のような気がします。

生野　分けたほうが分かりやすいですね。

鈴木　広義の「いじめ」は本人がストレス耐性を上げれば、すぐに忘れることができるちょっと不快なことになり、「いじめ」ではなくなってくる。だからストレス耐性の高い子にとっては「いじめ」ではないのですよね。

山岡　でも何らかのそういった病的なものに通じる子にとっては、親の一言あるいは友だちの一言が、「いじめ」を受けたのと同じ反応として出る。そういうことだと思います。

鈴木　そうです。同意します。

山岡　ＰＴＳＤを見ていると、それくらいで普通の人は発症しないと思うんだけれど。

生野　まあその子自身の過敏性にも問題があるんだけれども、周囲の想像力と言うか、同調できる感性というか、そういうものも大事ですよね。治療では、治療者が患者さんに同調性を示すのですが、面接を重ねるに連れて本人だけでなく周囲も「心の個性」ということに気づいていくことが多いですね。治療の場では、親御さんもじっくりと治療者のやり方を観察できるので、来るたびに学んでいかれる。いわゆるモデリングですね。ですから、私の外来ではしばしば親子の同席面接を行っています。

外来では研修生が三十八名いるのですが、彼らも学んで見事に変化していきます。それを見ると、他人への思いやりなどは、大いに教育の問題であり、育てたり教えたりすることができるものだと感じますね。

山岡　親は忙しいと、子どもが仮に三人いるとすれば親は皆一緒くたにしてしまう。

鈴木　私の経験ですが、とても献身的ですが過干渉が玉に瑕のご両親の三姉妹の場合です。長女は過干渉に辟易して、両親とけんかして独立して、実家に寄りつきません。三女は、親に任せておくと自分は楽だと公言して、仕事や結婚相手まで決めてもらい、幸せに暮らしています。次女は両親に頼むと何から何まで用意してもらえるので甘えたいが、でも、過干渉には反発してしまうのです。次女は摂食障害です。このご両親は三姉妹に同じ対応をしていますが、三様ですね。それと同じです。

これからの社会に求められる「情」の教育

山岡　親はね、「うちは平等に育てました」とよく言います。私の答えは「子どもを育てるのに、平等は不平等ですよ」です。みんなそれぞれ違うんですから。それぞれの個性が違う、親に子どもの心の読み取りができていないんです。

生野　感性でなく、理性を軸にして育てているんですね。

山岡　だから言い方は少し悪いですが、高い学歴のお母さんのほうが、より子どもを病気にする可能性がある。頭で育ててはいけないような気がします。人間も動物の一種ですから、やはり動物的な面を無視してはいけないんですよね。そんな気がします。いくら文化が進み、科学が進んでも人間は動物の一種なんだと思うんですよ。体の病気は勿論そうだけれど、メンタルの部分にだって出る。メンタルな病気は頭だけのものではないということだと思うのです。

鈴木　人類学者の長谷川真理子先生（総合研究大学院大学教授、行動生態学）が、拒食症も含めてこういう病気は文明が先に進んでしまって、人間自体が取り残されてしまったために起きていると仰るんですよね。人間そんな器用に進化していないんですよね。

山岡　いまのパソコン、スマホのほうがよっぽど進化が早いですものね。情の部分がついていけるわけがない。

鈴木 私はまったく使いこなせていません。

山岡 比較的最近読んだ記事の中で、科学が進めば進むほど、人類は取り残されて、何らかの病気になって行くだろうという、言葉が気になります。

生野 山折さんが人間は放っておいたら野獣になると仰っていましたね。つまり攻撃性は皆が持っているわけですね。だれだってみな動物だから、それを調教していかなくてはいけないわけですよね。その攻撃性をどういうふうに上手に昇華させるか。

山岡 それがうまくできないので、野生化して「いじめ」になってしまうんでしょうね。だから知的な部分と情の部分は違うんじゃないかと思うんです。知識があり、知能が高ければ、情が深い、あるいは思いやりがあるというように思われ勝ちですが、そんなことはなく、また全然違うことなんですよね。ここら辺が誤解されている。その「情」の部分に対する教育が、日本だけではなく世界中おそらく遅れているんではないでしょうか。「情」に対する教育がこれからの人間社会において、逆に一番大切なことのような気がします。科学がどんどん進む。ギャップがどんどん広がってくる。心身症を含めていろいろな病気ができてくる元は、「知」に対する部分だけをフォローしていて、「情」に対する部分のフォローがなされていないところにあるのかなと私は考えています。

（二〇一三年四月十四日、於東京）

生野　照子（いくのてるこ）

社会医療法人浪速生野病院心身医療科部長、ストレス疾患研究所長

略歴

1943年大阪府生まれ。1969年大阪市立大学医学部卒業。守口生野病院などで小児科医・心療内科医・臨床心理士として臨床に従事。1989年より神戸女学院大学家政学部・人間科学部教授（現在名誉教授）として臨床心理士の育成などに携わる、1998年より1年間、英国スプリングフィールド病院にて研修。2007年より2012年3月まで大阪府教育委員長。

専門は心身医学、小児科学、臨床心理学。

活動分野

日常診療に加えて、患者や家族の自助を重視する立場から自助（セルフヘルプ）グループ活動を進め、摂食障害の当事者の会を我が国で先駆けて立ち上げた。また、「西成プロジェクト」などの地域支援を展開し、学校や家族のもとに直接出向いて医療や相談活動を行っている。また「うつ病予防・治療日本委員会」（JCPTD）の活動、更には専門家だけでなく広範な学者・文化人・政治家に呼び掛け「摂食障害センター設立委員会」の中核として活動している。

資格・所属学会

日本心身医学会（専門医）、日本心療内科学会（専門医）、日本小児科学会（専門医）、日本摂食障害学会、日本青年期精神療法学会、日本精神保健・予防学会、日本うつ病学会。日本ストレス学会、など

主な著作

「リストカットの向こうへ」（新潮社、2009年）、「子どもの叫び」（大阪書籍、1988年）、「こころの病気」（ルック、1995年）、「小児心身症とその関連疾患」（医学書院、1992年）、「過食症からの脱出」（女子栄養大学、1997年）、「過食症・拒食症とは：その背景と治療」（芽ばえ社、1993年）、「揺らぎ育つ子どもの心：その基本的発達胎生期から思春期へ」（芽ばえ社、2011年）、他

山岡　昌之（やまおかまさゆき）

日本摂食障害治療研究所所長

略歴

1948 年東京都生まれ。1973 年東京医科歯科大学医学部卒業。1977 年より国家公務員共済会連合会九段坂病院内科勤務、心療内科部長、副院長を経て 2013 年 4 月より現職。

活動分野

公益財団法人医療科学研究所理事などの学術活動、一般社団法人うつ病予防・治療日本委員会（JCPTD）、日本摂食障害学会（JSED）、「摂食障害センター」設立の主要なメンバーとして活動している。日常診療のほか患者・家族への支援のための地域活動も多数参画。2010 年第 6 回ヘルシー・ソサエティ賞（医療従事者部門）受賞

資格・所属学会

日本心療内科学会（専門医）、日本心身医学会（専門医）、日本摂食障害学会など。

主な著作

「拒食と過食は治せる」（健康ライブラリー）（講談社、1997 年）、「仮面うつ病」（健康ライブラリー）（講談社、2000 年）、「心身症を治すー治療・予防・検査のすべてが分かる Q & A」（保健同人社、1997 年）、「軽症うつ病（仮面うつ病）—その早期発見と早期治療」（全日本病院会、2003 年）、「ちゃんと知りたいはじめての心療内科ガイド」（洋泉社、2010 年）、「ストレスの臨床」（1999 年、至文堂）、「よくわかる心療内科」（1997 年、金原出版）、他多数

鈴木　眞理（すずきまり）

政策研究大学院大学、保健管理センター教授

略歴

1954年山口県防府市生まれ。1979年長崎大学医学部卒業。1981年より東京女子医科大学研修医を経て内科助手として勤務。その後アメリカのソーク研究所に留学し神経内分泌をテーマに研究。帰国後東京女子医科大学内分泌疾患総合医療センター内科で神経内分泌（神経ホルモン）への興味から神経性食思不振症患者の研究・治療に取り組む。従来の心身医学的アプローチとは異なる、内科的アプローチによって食思不振症が患者にもたらす身体的影響に対する研究とそれへの内科学的治療（内分泌学的アプロ—チ）という方法論でわが国において独自の地歩を築いている。2002年より現職。

活動分野

神経性食思不振症家族会「EATファミリーサポートの会」を主催。厚生労働省難治性疾患克服事業「中枢性摂食異常症」調査研究班員。専門は神経内分泌、中枢性摂食障害、骨粗鬆症の病態と治療。生野・山岡氏同様日本摂食障害学会（JSED）の理事を務めるとともに、「摂食障害センター」の設立の先頭に立って活動している。

資格・所属学会

日本内分泌学会（専門医）、日本内科学会（専門医）、日本医師会認定産業医、日本神経内分泌学会、米国内分泌学会、日本糖尿病学会、日本東洋医学会、日本骨粗鬆学会、日本心身医学会、日本心療内科学会、日本摂食障害学会

主な著作

「乙女心と拒食症—やせは心の安全地帯」（インターメディカル、1999年）、「内科医にできる摂食異常症の診断と治療」（三輪書店、2001年）、「ダイエット障害」（少年写真新聞社　2005年）、「Primary care note 摂食障害」（日本医事新報社、2008年）

おわりに

本書の企画が始まったのは、序文にも書いたとおり、二〇一二年の春ごろであった。ちょうど大津市の「中学生いじめ自殺事件」がマスコミに取り上げられ、それを契機に「いじめ」をめぐって、改めて論議が巻き起こっている時期であった。私たちは三人とも、「いじめ」という人間の「こころ」に奥深くにからみついた問題を、どう理解し、どう対処するべきかを考えるというよりも、考えざるを得ないような場所に居り、治療者としての葛藤や思いを強くしていた時である。

そのような時に、まるで一つの思いに吸い寄せられるように出版の話を持ってこられたのが出版社社長の三輪さんであった。「世間が期待するところ大であるにもかかわらず、医師側からの発言は極めて少ない」と語り、とくに患者さんの「こころとからだ」の問題にもっとも近いところいるはずの心療内科医には、ぜひ「いじめ」の本態に迫る提言をしてほしいと熱い思いを述べられた。そこで私たちは、三輪さんの提案をうけて、狭い診察室の枠を飛び越えて「いじめ」問題に向かう決意をしたのであった。

山折さんと柳さんのお話を、ここでまとめることはしないでおこうと思う。本書をヒントにして、読者それぞれの読み取り方、感じ方をしていただきたいと願っている。「いじめ」という、まさに人の心の深層と絡み合って、同時に人と社会との結びつきを象徴するような行為は、個人的にも集団的にも、色とりどりの側面をもっていてよいと思うからである。

ただ、編集を終わってみて案じるのは、読者の方々は素人のインタビュアーに欲求不満をお持ちになったのではないかということである。ただ、こればかりはご寛恕を賜り、皆様の洞察に委ねさせていただくことをお許しいただきたい。

私たちは、今後の診療で、「いじめ」で苦しんでいる患者さんに役立つよう、今回の座談会で得られた大いなる成果を生かしていこうと決意している。山折哲雄さん、柳　美里さん、お二人の素晴らしいゲストに心から感謝を申し上げたいと思う。

二〇一三年九月

編者　生野　照子
山岡　昌之
鈴木　眞理

人はなぜいじめるのか

その病理とケアを考える

2013年9月30日　第1刷発行

著　者　生野照子

発行者　三輪 敏
発行所　株式会社シービーアール
〒113-0033　東京都文京区本郷2-3-15　元町館
☎ 03-5840-7561　FAX 03-3816-5630
E-mail cbr@cbr-pub.com

ブックデザイン●上村浩二
印刷・製本●三報社印刷

ISBN 978-4-902470-93-2 C1036